MW00809322

ACCIONES

REALIZANDO EL PODER DE TUS PENSAMIENTOS

Letizia Florez

Copyright © 2017 Letizia Florez, Todos los derechos reservados

Publicado y distribuido por Letizia Florez
Editora: Miriam Lizárraga Trewarta
Fotos Interiores: Cortesía del autor
Ilustraciones del exterior: Letizia Florez y Kevin Johnson

Todos los derechos de este libro son reservados. Ninguna parte de este libro puede ser reproducida por cualquier proceso mecánico, fotográfico, electrónico o manual, o en la forma de una grabación fonográfica; ni podrá ser almacenada en un sistema de recuperación, transmitida o copiada de otro modo para uso público o privado - que no sea para "uso justo", como citas breves en artículos y opiniones sin el permiso previo y por escrito del autor y editor.

El autor de este libro no ofrece consejos médicos, ni receta el uso de ninguna técnica como una forma de tratamiento para problemas médicos, físicos o emocionales sin el consejo de un médico, directa o indirectamente. La intención del autor es sólo para ofrecer información de experiencia personal que la ayudó a lograr una sensación de plenitud y bienestar. En el caso de que usted use la información en este libro por sí mismo, el autor y el editor no asumen responsabilidad por sus acciones.

CONTENIDO

PREFACIO

Desde muy chica comencé a buscar las claves para entender los misterios de la vida. Busqué respuestas a las preguntas más comunes.

¿Por qué estoy aquí?

¿Por qué está pasando esto?

¿Cuál es mi propósito?

¿Cuál es el sentido de todo esto?

Busqué su significado desesperadamente y por todas partes. Leí libros religiosos, busqué individuos iluminados, intenté realizar prácticas espirituales, pero, aun así, me quedé muy desorientada. Me sentía tan perdida en mis circunstancias que no existían las alternativas.

Esto es, hasta que la vida encontró su propia manera de revelar sus claves. Simplemente dándome lo que pedí, reveló los secretos por los cuales vivimos; sin embargo, no sabemos que estamos operando nuestras vidas mediante ellos. Durante un momento crítico entre la vida y la muerte, fui impulsada hacia un viaje a través de la comprensión y la transformación. Entonces surgió una nueva perspectiva que me sirvió como plataforma para lanzarme hacia la comprensión de cómo sanar y vivir una vida conscientemente creativa.

Al contarte los detalles de mi viaje, te llevo a mi mundo interior y comparto los detalles íntimos sobre cómo las claves se revelaron. Al combinar las claves con mis estudios universitarios en los campos de la psicología, la filosofía y mi impulso personal hacia la auto mejoría, descubrí las técnicas que me ayudaron a sanar, a reconstruir mi cuerpo y mi vida.

Las claves y técnicas que comparto contigo me ayudaron a desarrollar la capacidad de dirigir mis pensamientos conscientemente y así crear la vida feliz y realizada que anhelaba tan desesperadamente. Finalmente me he dado cuenta de la sensación de plenitud que he anhelado toda mi vida y es mi mayor esperanza que las técnicas que ofrezco te ayuden a hacer lo mismo.

Como he descubierto, estamos aquí para recordar, reconocer, aceptar, sentir y expresar nuestra grandeza innata y única. La razón por la que nos sentimos sedientos e incompletos es porque ignoramos la voz que viene de nuestro interior y nos impulsa hacia nuestra realización. Este sentimiento de actualización no depende de nada. Es la esencia de lo que somos. Simplemente tenemos que recordar, reconocer, aceptar, abrazar y sentirlo. A través de este sentimiento, somos impulsados y capacitados para expresar la grandeza que quiere expresarse a través de nosotros. La realización es nuestra fuente de bienestar y el bienestar es la fuente de donde todas las cosas grandiosas salen a la luz.

CAPÍTULO 1:
EL VALLE DE LA MUERTE

BZZZ! BZZZZ! BZZZZZ! El despertador me despierta de un sueño profundo. Son las 4:30 de la mañana. La hoja de producción en mi mesita de noche me recuerda que hoy filmaré mi primer comercial nacional en Petaluma, California. Tomo la hoja que confirma que tengo que estar en Petaluma a las 6:30 de la mañana. Salto de la cama y después de terminar mi rutina de limpieza personal, le escribo una nota a mi hermana. "Lo siento mi niña, pero no se permiten menores de edad en el set. Te amo". Me siento triste al caminar hacia el sofá donde ella está durmiendo y coloco la nota a su lado. Estaba tan emocionada por ir conmigo, que sé que va a despertar con un sentimiento enorme de decepción. Hubiera sido su primera vez de asistir a una serie de producción.

Todavía está oscuro al salir de Sacramento. Las 4:30 de la mañana no es hora extraña para dirigirme hacia la zona de la bahía para una sesión comercial. Recorro 136 kilómetros a través del tráfico usualmente congestionado y después de realizar el cambio de la carretera interestatal 80 y autopista 37, me dirijo hacia la carretera Lakeville.

El sol apenas está saliendo. Lo puedo ver asomándose en el horizonte, a través de mi espejo retrovisor. Se ve encantador. Estoy cautivada con su magia. La canción de Lionel Richie, "Dancing on the Ceiling" (Bailando en el Techo) está tocando en la radio. Estoy absorbiendo el estado de ánimo y las palabras de la canción. Me digo en silencio: "Es bueno estar viva y con deseos de hacer cosas muy grandes".

Miro el reloj y veo que son las 6:20. El sitio donde filmaremos está a cinco minutos de distancia, pero de repente, el espejo lateral de mi automóvil me llama la atención. Veo que una camioneta se acerca a mi izquierda. Está intentando rebasarme. Estoy viajando alrededor de 104 kilómetros por hora, pero, aun así, se está acercando rápidamente. Me detengo un poco y de inmediato está a mi izquierda. Miro hacia adelante y veo a un tráiler de reparto que sale de la curva hacia nosotros. Mi corazón se acelera en las garras de la adrenalina, siento que corre por mi cuerpo como si hubiera recibido un disparo a través de mis venas. Me detengo para que la camioneta me rebase y regrese a nuestro carril; pero es demasiado tarde. Se estrella frente a frente con el tráiler.

Al instante, recuerdo que, durante mis clases de conducir, nos aconsejaron que no pisemos los frenos cuando viajamos a alta velocidad. Esto inevitablemente lanza al automóvil fuera de control. Así que me desvío ligeramente hacia la derecha, tratando de evadir la colisión inminente; y al mismo tiempo, tratando de evitar los enormes árboles de eucalipto que bordean los dos lados de la carretera de dos carriles. Es un camino angosto, pero intento pasar. Al darle vuelta al volante ligeramente hacia la derecha, siento una sacudida. Mi automóvil se sale de control y se dirige directamente hacia uno de los árboles. Veo el árbol enorme que se acerca y oigo un grito horrorizado dentro de mi cabeza: "¡NO! ¡MI CARA NO!".

CAPÍTULO 2:
DESPUÉS DEL CHOQUE

¡Todo queda obscuro! Se acabó. Escucho los sonidos de metal recién aplastado. El silbido del vapor de la maquinaria dañada consume el aire. El cofre de mi automóvil se aplastó y está justo en frente de mi cara. Es muy temprano por la mañana, así que la carretera está tranquila. No se ven otros conductores. De repente, un sentimiento de desesperación me ataca. Mis pulmones se sienten obstruidos. No puedo expandir mi pecho. Siento que me estoy ahogando, como si estuviera debajo de algo muy pesado. Miro hacia mí alrededor y busco la causa. Noto que estoy atrapada entre el asiento y el volante. Mi corazón se acelera. Trato de mantener la calma y reviso los daños de mis extremidades. Con mucho cuidado, muevo mis dedos y extiendo mis brazos lentamente. Intentando no temer lo peor, sigo con mi cuello. Lo muevo lentamente, de lado a lado. Al ver que lo puedo mover, una profunda sensación de alivio me llena.

Rápidamente, pero con cuidado, alcanzo la palanca al lado izquierdo de mi asiento y la jalo. Se libera la parte posterior del asiento y me lleva violentamente con ella. Aterrizo con un golpe atroz que me hace tomar la respiración profunda que estoy anhelando. Al intentar tomar el aire fresco, me doy cuenta de que no era el asiento que me aplastaba contra el volante el que estaba obstruyendo mi respiración; ni era que el asiento estaba atascado contra mis costillas. ¡Soy yo! Algo dentro de mis pulmones está mal. Siento que mi nariz está obstruida y estoy tratando de respirar a través de los agujeros ultradelgados como los de un popote para revolver el café. La frustración de querer respirar y no poder, me está ahogando. Me siento mareada. Entre más lo intento, más congestionado y doloroso siento mi pecho. Me estoy poniendo muy nerviosa y mis nervios se están convirtiendo en PÁNICO. Anhelo la sensación del aire fresco entrando a través de mi nariz, que viaja por mi garganta y hacia lo más profundo de la expansión de mi caja torácica. Esa sensación familiar que he tenido infinitas veces. El deseo anhelante de recibir lo que siempre ha sido mío, cuando quiero, me tiene en sus garras.

De repente, entiendo lo bendito que es poder tomar una respiración profunda. Que deliciosamente maravilloso es poder inhalar profundamente y saborear la expansión fresca de mi plexo solar. La frase, "No sabes lo que tienes hasta que lo vez perdido" resuena en mi mente. Qué maravillosa es la capacidad de respirar en cualquier momento que lo deseamos.

Al instante, un recuerdo relampaguea en mi mente, de las veces que mi hermano compartió conmigo algo que aprendió en la academia de policía. Me dijo que la mayoría de las personas no mueren a causa de los daños sufridos, sino porque entran en pánico, el cuerpo entra en shock y se apaga. Inmediatamente resuelvo mantener la calma. Empiezo a contar en silencio, para tratar de mantener la más superficial de las respiraciones. Siento como si tuviera sólo la punta de mi nariz fuera del agua, flotando en la superficie de la existencia. Apenas estoy tomando una pequeña cantidad de aire, cuando todo lo que quiero es sumergirme en sus profundidades. Me estoy ahogando, y no puedo hacer otra cosa más que recostar mi cabeza y tratar de relajarme.

Ahora otra parte de mi cuerpo me grita y exige mi atención. El dolor en mi pie derecho está palpitando dentro de mi zapato. Me siento como el Increíble Hulk, rebosando a través de las costuras. Me gustaría poder alcanzarlo y quitármelo. Mi pie izquierdo también me está molestando, pero ahora me doy cuenta de que mi caja torácica y mi pecho, también me están doliendo. Hay tanto dolor pulsando por mi cuerpo que es indescriptible. Jamás he sentido este dolor que lo abarca todo. Lo único que puedo hacer es concentrarme intensamente en escapar de él. Quiero huir de él tan desesperadamente que cierro los ojos y lo intento. Al intentar relajarme, un recuerdo aparece en mi mente. Me encuentro 6 meses en el pasado. Imágenes de aquellas veces que conduje arriesgadamente, aparecen claramente en la pantalla de mi mente. Mi abuelita había fallecido y yo estaba pasando por una ruptura muy dolorosa de una relación de 7 años. Al recordar lo mal que me sentía, me doy cuenta de que mi deseo de hace meses se está cumpliendo. Estoy recibiendo lo que pedí. Recuerdo los pensamientos que tuve durante aquellas veces que conduje muy enojada a través de la autopista. Tenía el acelerador a fondo, mientras proyectaba imágenes de mi salida de este mundo. En lo profundo de mi corazón, yo deseaba una vía de escape. La asfixia del dolor emocional que estaba sufriendo era demasiado intensa. No podía soportarla más. Fervientemente, engatusaba al destino, deseando que me llevara con él.

Ahora, acostada en mi automóvil destrozado, tengo la realización: "Yo deseé esto. Esto es lo que yo deseaba. Mi deseo se hizo realidad. Esto es lo que vi en mis pensamientos mientras sumida en mi dolor emocional. YO CRIE ESTO". Me supera un sentimiento profundo de tristeza y decepción y me pregunto: "¿Por qué deseé esto?".

Me gustaría poder mirar afuera y ver lo que me rodea; pero todo lo que puedo ver es el cofre de mi automóvil deformado. Tengo que depender de mi memoria. Recuerdo que más allá del bosque de árboles todo lo que hay que ver por kilómetros son campos de heno de color oro y carretera. Mi corazón se hunde al oír mis pensamientos: "¡La ambulancia va a tardar una eternidad para llegar hasta aquí y no puedo respirar!".

Miro el asiento a mi derecha y siento un alivio inmediato. Es el lugar donde mi hermanita vendría sentada si no la hubiera dejado en casa esta mañana. Odiaba decepcionarla; pero lo único que puedo pensar ahora es que estoy muy agradecida de que ella no está aquí. Nunca he conocido un sentimiento de gratitud tan profundo. Me llena por dentro al recostar mi cabeza. Cierro los ojos de nuevo y trato de relajarme.

CAPÍTULO 3:
OCÉANO DE ROSTROS

Al relajarme, pienso en mis seres queridos y cómo mi ausencia les afectará. Sé que estarán tristes, sobre todo mi mamá. Decir que tuvimos momentos difíciles durante mi niñez, es poco. Yo sé que ella lo va a tomar muy duro; pero todo lo que puedo hacer es tener esperanza de que con el tiempo se recuperará. Pienso en mis hermanos y mi hermana. También va a ser muy difícil para ellos; sobre todo, después de que perdimos a nuestro padre hace 6 años en una valiente lucha contra el cáncer. Me siento completamente derrotada. Espero que comprendan. Este pensamiento me ayuda a relajarme y a dejarme llevar. Mis ojos se cierran mientras me alejo.

De repente, me encuentro en un lugar desconocido. La oscuridad me rodea. Estoy en otro mundo, no en un lugar terrenal y familiar. Definitivamente, no es un lugar físicamente reconocible. Es como que si estuviera de pie en un espacio abierto, que se extiende infinitamente a mí alrededor. Veo remolinos de gases de colores vibrantes sobre una pantalla de espacio de color azul oscuro. Siento una sensación en mis entrañas, como si estuviera subiendo por el punto más alto de una montaña rusa. Es pacíficamente estimulante estar completamente inmóvil; pero a la vez sentirme de esta manera. Estoy impresionada con lo relajante que me siento el estar apoyada sin nada físicamente sólido debajo de mí.

Al instante, frente a mí aparece lo que sólo puedo describir como un océano de rostros que se extiende hasta donde alcanza mi vista. Están colocadas una al lado de la otra y una detrás de la

7

otra, como una enorme audiencia en un concierto de rock. Las cuencas de sus ojos están llenas de luz blanca y brillante. La están dirigiendo directamente hacia mí, como millones de rayos. Es difícil de comprender lo que estoy viendo. La única manera de describirlo es, pedirte que te imagines que estás de pie en la playa, mirando hacia el horizonte del océano. Imagina que, en lugar de agua, estás mirando a innumerables rostros. La luz que sus ojos reflejan es tan luminosa y poderosa, que es abrumadora. El torrente repentino de saber que todas ellas me están mirando al mismo tiempo, me domina. Siento una fuerza tremenda que explota contra mi cuerpo y me empuja hacia atrás con un golpe increíblemente poderoso.

Aterrizo sobre mi trasero e inmediatamente miro hacia abajo para verificar si mi cuerpo sostuvo daños. Lo que veo me asombra. MI CUERPO NO ESTÁ. NO TENGO CUERPO. Todo lo que veo en su lugar es un remolino que brilla con luz clara, traslúcida y de muchos colores.

No se me da tiempo para comprender lo que estoy viendo. Oigo una voz profunda que me jala de vuelta a la escena del accidente: "Espera. Llamé a emergencias. Una ambulancia viene en camino". Con un esfuerzo extenuante, abro un poco los ojos. Veo la silueta de un hombre alto que está parado junto a mi automóvil. Está intentando abrir la puerta y sigue hablando, pero solo suena como murmullos. No tengo la energía para tratar de entender lo que está diciendo. Me siento tan débil y agotada que todo lo que quiero es que se calle. Cierro los ojos de nuevo. Requiero la última gota de energía dentro de mí para seguir sintiéndome tranquila. Necesito que se calle para poder concentrarme en conservar mi energía para tolerar el dolor, pero no puedo hablar. Anhelo que pudiera leer mi mente: "¿Cómo no puede ver que debe de callarse si estoy sufriendo una tensión excesiva?", él continúa hablando. No puedo soportarlo más, así que encuentro la forma más rápida para conseguir que se calle. Le hago una señal con la mano para que se acerque a mi boca. Él pone su oído a mi altura y con la fuerza que me queda, le susurro: "Cállate".

Jala la cabeza hacia atrás y con una sonrisa ligeramente divertida sigue hablando y me dice: "Yo sé que quieres que me calle, pero si lo hago, te vas a dormir y nos vas a dejar". Él debe de entender la mirada suplicante de mis ojos, porque me explica: "La vida es bella. Eres tan joven. Tienes mucho más que vivir. El mundo necesita lo que tienes que darle". No estoy escuchando. Todo lo que puedo pensar es cómo anhelo el silencio para poder cerrar los ojos y descansar.

De repente escucho los sonidos de murmullos y voces. La ambulancia y los paramédicos han llegado. El hombre se hace a un lado y los deja tomar acción. No puedo ver lo que está pasando; pero puedo escuchar las voces a mi alrededor, órdenes que se dan y que son ejecutadas. Siempre les he tenido miedo mortal a las agujas y aquí está un paramédico enterrando una en mi brazo. Ni me importa. Ahora, aparece una máscara de oxígeno en mi cara. Se siente obstructiva; pero luego un aparato ortopédico se envuelve firmemente alrededor de mi cuello. Ahora definitivamente me siento apretujada.

Ya que he perdido el control de mi cuerpo, no tengo idea de lo que está por venir. Por primera vez en mi vida, me veo obligada a entregarme. No tengo más remedio que tener fe en la experiencia del equipo de rescate. Mi única opción es quedarme en el momento, observar y experimentar todos los detalles.

Un zumbido fuerte me asusta ya que resuena a través del aire. Miro hacia arriba y veo a lo que he oído llamar, "las quijadas de la vida". Es una máquina intimidatoria que suena como una cortadora de césped. Se ve como un par de tijeras construidas para un gigante. Las veo acercarse al marco superior del automóvil, a través del lado del conductor que ahora no tiene ventanas. Oigo los chillidos agudos de metal que se está desgarrando. Quisiera poder alejarme y ver la escena desde la distancia. Así como he sido testigo de tantos accidentes en mi vida. Qué bueno sería ser otro conductor que sólo viaja por este camino; creyendo que los accidentes solo les pasan a otras personas. Ahora lo único que puedo hacer es imaginar cómo se verá desde lejos.

En cuanto retiran el techo del automóvil, una sensación violenta de frío me golpea. Siento que un tablero frío se desliza bajo mi espalda. Me jalan arriba de él y el dolor se intensifica al instante. ¡Me están haciendo daño! El tablero frío se ha quedado atrapado en la cintura de mis pantalones. Agarro el brazo del paramédico más cercano y le señalo. De inmediato les grita a los demás que se detengan. Lo siguiente que veo son tijeras que están cortando desde la base de cada pierna de mi pantalón y por medio del centro de mi blusa. En un instante, mi ropa se desaparece completamente, lo que magnifica la sensación de escalofríos térmicos y causa que mi piel se enchine por todo el cuerpo. Es insoportable. Mis senos se sienten como que están siendo apretados hasta los nervios. Estoy segura de que voy a volverme loca en cualquier momento. Oigo un grito: "¡Está entrando a un estado de shock!" Inmediatamente oigo movimientos intensificados. Los paramédicos multiplican la velocidad de su trabajo. Una manta se coloca por encima de mí y pierdo el conocimiento.

Buscando una conexión con la vida, me acuerdo de mis estudios espirituales, en los que he leído que somos uno con Dios y que sólo hay un Dios. Sin poner en duda el ejemplo de uno de nuestros maestros mayores, silenciosamente repito la frase: "YO Y MI PADRE SOMOS UNO. YO Y MI PADRE SOMOS UNO". Repito esto mentalmente una y otra vez. Tengo que agarrarme de algo, para prevenir que mi mente se rompa a pedazos. "YO Y MI

PADRE SOMOS UNO. YO Y MI PADRE SOMOS UNO". Concentro toda mi atención en la repetición de la frase, al ser rescatada del automóvil.

Los pasos ligeros de los paramédicos señalan que nos estamos moviendo. Siento que algo raspa contra las partes expuestas de mi piel desnuda. Nos estamos moviendo hacia el campo de heno seco que rodea el camino. Me concentro en la frase mientras me llevan sobre un cerco: "YO Y MI PADRE SOMOS UNO. YO Y MI PADRE SOMOS UNO". Una y otra vez, sigo repitiendo la frase. Nos acercamos rápidamente a un helicóptero con sus aspas dando vuelta a máxima velocidad. Me trasladan a él y de inmediato tomamos vuelo. Mientras viajamos ruidosamente a través del aire, me sostengo de la frase desesperadamente; pero no siento que me esté ayudando. La vibración y el sonido del helicóptero son insoportables; pero más es el viento frío, que se siente como cuchillos afilados que rozan mi piel.

Así que esto es lo que le llaman, "El vuelo de la vida". Es un pequeño helicóptero de dos pasajeros con espacio suficiente para mi camilla, el piloto y un paramédico. Intento notar más detalles; pero todo lo que quiero es que este trayecto llegue a su fin. Intento mantener mi mente centrada en la repetición de la frase. Una y otra vez resuena en mi mente: "YO Y MI PADRE SOMOS UNO". Pero aún la pregunta más importante es: "¿Iré a sobrevivir esto?".

Al aterrizar, un equipo de enfermería se acerca. Agarran el tablero en el que estoy acostada, lo suben arriba de una camilla y apresuradamente me trasladan a través de los pasillos largos del hospital. Al final del laberinto largo, terminamos en una habitación donde me trasladan a una cama. La gloriosa sensación del colchón blandito que se conforma a mi cuerpo no es mi recompensa. Me acuestan con el tablero duro debajo de mí y me explican que no lo pueden quitar hasta que evalúan los daños. La exasperación me supera. No puedo soportar más. ¡Quiero gritar!

Parece que el tablero me está lastimando más que mis lesiones. ¿Cómo es posible soportar más dolor? El sentimiento de impotencia me consume finalmente. Lágrimas silenciadas me salen de los ojos y ruedan suavemente a través de mis mejillas. Cierro los ojos y trato de calmarme. El resto se convierte en un aspecto borroso; al momento que me resbalan dentro de un gran tubo que debe ser un tomógrafo. Finalmente, la sensación que he estado anhelando. El colchón, al cual me acaban de transferir se adapta a mi cuerpo. La única palabra que puedo usar para describir el alivio que la suavidad del colchón y la almohada me dan es, "paraíso". El anestesiólogo se acerca y me informa que están a punto de llevarme a la sala de operaciones. Me hace un montón de preguntas y las finaliza con la frase: "Usted se va a sentir un poco adormecida..." No lo escucho terminar la frase porque caigo en un sueño profundamente maravilloso.

CAPÍTULO 4:
REPORTE DE DAÑOS

Extrañamente, siento como que despierto instantáneamente. Abro los ojos y veo a un médico sentado en una silla junto a mi cama. Me sostiene la mano y me dice: "Vas a estar bien". Me mira a los ojos con tanta compasión y seguridad, que le creo. Me siento profundamente confortada. Se presenta como mi cirujano y me dice: "Usted es muy afortunada por estar viva. El camino por el que viajaba es muy peligroso. La llaman, "La Carretera del Valle de la Muerte" debido a la cantidad innumerable de accidentes y muertes que han ocurrido allí. Lo que le ayudó fue que estaba en buena forma física. La mayoría de las personas se hubieran muerto en las mismas circunstancias".

Ahora me informa sobre los daños: "Usted tiene una fractura en el cuello y dos costillas fracturadas, una a cada lado. Las costillas fracturadas causaron que su pulmón izquierdo se colapsara y que su pulmón derecho se contusionara". Ahora entiendo por qué sentía ahogarme con cada respiración que intentaba tomar.

El cirujano continúa: "Su pie izquierdo esta fracturado y su pie derecho se destrozó". Mis ojos se abren grandes al exclamar: "¿Destrozó? ¿De qué parte?", él responde: "Desde el tobillo hacia abajo. Lo formé de nuevo durante la cirugía y utilicé siete clavos para mantenerlo en su lugar". Por primera vez, me doy cuenta de que mi pie está envuelto con gasas llenas de sangre. Lo está sosteniendo un columpio mecánico que cuelga de mi cama.

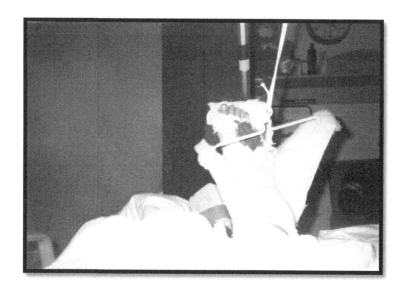

La tristeza me invade al darme cuenta de que estoy mirando las consecuencias de mis pensamientos anteriores. Aunque yo no causé el accidente, tengo un sentido de responsabilidad. Sé que no soy la víctima; pero deseo profundamente entender todo esto. Estoy muy triste y decepcionada conmigo misma al ver mi cuerpo en estas condiciones. El único pensamiento que se me ocurre ahora es: "¿Por qué me hice esto?".

El médico continúa: "Va a durar mucho tiempo para poder caminar de nuevo. Probablemente de seis meses a un año y siempre tendrá problemas para caminar con tacones altos". Exclamo de nuevo en estado de shock: "¿No voy a poder usar tacones altos? ¡Me encantan los tacones altos!", el cirujano mueve suavemente la cabeza de lado a lado.

Después de que sale de mi habitación, siento lástima por mi condición. Estoy llena de preguntas y confusión, pero, sobre todo, lamento: "¿Qué voy a hacer ahora?".

14

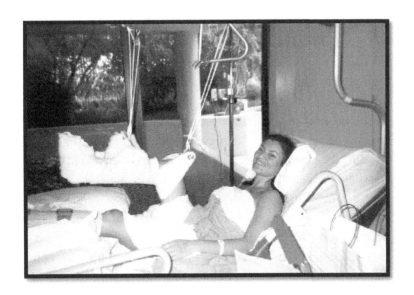

Los días que siguen son un misterio. Todo se ve transparente y fluido. Los objetos que normalmente se ven sólidos, ahora se miran como si pudiera meter mi dedo a través de ellos. Todo, la pared, los muebles, incluso el personal de enfermería, parecen surrealistas. Puedo ver a través de la materia de una manera como nunca he visto antes. El espacio vacío dentro y entre la materia, es claramente visible. Todo parece soluble y temporal. Siento como si hubiera un campo invisible que me rodea y si realmente quiero atravesarlo, lo puedo hacer. Me llevará a donde deseo ir. Siento urgencia, como si tuviera que tomar una decisión rápidamente, debido a que la solubilidad es temporal; como si hubiera un tiempo limitado durante el que esta "apertura" estará allí y después todo volverá a ser sólido.

Este es un momento muy difícil para mí, porque mi familia está tan lejos. Estoy en Santa Rosa y todas las personas que conozco y a quienes amo, están en Sacramento. Es un viaje de dos horas y media en automóvil, así que es difícil para que mi familia venga de inmediato. Por lo tanto, no tengo visitas el primer día.

Al día siguiente, mi mamá, mis dos hermanos y hermana vienen a visitarme. Me traen algunas cosas para mi cuidado y necesidades personales. Estamos agradablemente disfrutando la visita, cuando un dolor severo e inexplicable me sorprende. Se dispara sin aviso previo. No hace mucho tiempo que la enfermera me dio medicamento para el dolor, así que no entiendo lo que está pasando. Presiono la luz roja para llamarla de nuevo.

Mientras tanto, el mayor de mis dos hermanos acerca su silla hacia mi cama y sostiene mi mano. Aprieto con todas mis fuerzas, como si con cada apretón pudiera rebajar el dolor. Mi cuerpo se enrosca en un calambre gigante. La enfermera entra y le suplico que me de medicina para el dolor. Ella se niega y me explica: "Lo siento cariño, pero te acabo de dar la dosis máxima por la próxima hora". Mi súplica se transforma en rogar: "Por favor, sólo quiero que se calme el dolor. Por favor, sólo un poco de medicina, por favor".

Ella camina hacia la puerta y justo antes de salir de la habitación, voltea y me dice: "Ya vuelvo". Mentalmente aliviada; pero todavía ardiendo de dolor, trato de controlar mi respiración. Mi hermano sigue batallando conmigo. Creo que le estoy lastimando su mano, pero no parece importarle.

La enfermera entra de nuevo con un dispensador en la mano y le dice a mi hermano: "Con permiso. Voy a darle esto." Él se levanta y toma la única silla vacía junto a la pared. Tan pronto como ella me administra la medicina, siento una maravillosa oleada de calor que corre a través de mi cuerpo. El alivio me supera y digo en voz baja: "Gracias". Exhalo y cierro los ojos. "Ella va a poder dormir ahora". La oigo decir al salir de la habitación.

De repente, escucho un grito de horror: "¡Oye, ella no se está durmiendo! ¡Se está muriendo!". Mi mamá está en un estado de pánico. La enfermera vuelve, me evalúa y rápidamente golpea el botón rojo de emergencia junto a mi cama. La luz roja arriba de la puerta se ilumina y un zumbido muy alto resuena con violencia a través de toda la sala. Se oye una voz por medio del intercomunicador: "¡CÓDIGO AZUL, CÓDIGO AZUL!". Inmediatamente, un equipo de emergencia entra apresuradamente a mi habitación, rodean mi cama y empiezan a hacer su trabajo. Veo el desfibrilador que se acerca hacia mi pecho. Mi punto de vista cambia instantáneamente. Me siento desorientada y confundida porque puedo ver toda la habitación simultáneamente. Es como si estuviera flotando por encima de mi cama, justo debajo del techo. Veo al equipo de emergencia que trabaja sobre mi cuerpo. Le piden a mi hermana y al menor de mis dos hermanos que salgan fuera de la habitación. Veo a mi otro hermano sentado junto a la pared, con la cara entre las manos. Está en agonía. Parece como si estuviera llorando. Me duele profundamente verlo tan vulnerable. No puedo soportar verlo sufrir. Su dolor me consume. Anhelo tranquilizarlo, pero no puedo.

El equipo de emergencia sigue trabajando rápidamente. Unos pocos toques más y abro los ojos. Estoy de vuelta en mi cama, agotada. Inmediatamente, busco a mi hermano; pero no lo puedo ver desde mi cama. Le llamo: "Mijo, no llores. Estoy bien". El equipo de emergencia todavía me rodea y bloquea mi punto de vista. Mi hermano se pone de pie y me mira. Se ve un poco confundido, pero a la vez aliviado. La doy una sonrisa microscópica. El equipo de emergencia reúne a sus aparatos y uno por uno salen de la habitación. Me siento muy débil y confundida. Me pregunto: "¿Estaba flotando por arriba de mi cama?". Cierro

17

los ojos mientras reflexiono esta pregunta y caigo en un sueño profundo.

CAPÍTULO 5:
INTROSPECCIÓN

Cuando despierto, la enfermera me informa que mi familia se fue hace un par de horas: "Su madre pensó que sería mejor que usted descansara". Por un lado, deseo estar rodeada de mis seres queridos; pero por otro, le doy la bienvenida a la paz y tranquilidad. Me da tiempo para reflexionar sobre todo lo que ha sucedido; la serie de acontecimientos que me trajo a esta experiencia y lo que viene por delante. Siento como si alguien puso una enorme pared enfrente de mí y estoy parada con mi nariz contra ella. Las preguntas surgen de mí interior: "¿Ahora qué? ¿Y ahora a dónde voy?".

Pienso en mis seres queridos, mis metas y mis promesas. Hay momentos que me siento como una niña consentida, que no puede salir a jugar. Sin embargo, al pasar los días, llego a aceptar que como mi deseo de salir de este mundo no se concedió, no me queda otra más que esperar lo mejor. Tal vez esto significa que hay un propósito en mi estancia aquí en la Tierra. Tiene que haber una razón del por qué vi el océano de rostros.

Por lo tanto, mi viaje a través de la introspección y la autoexploración comienza. Siento miedo; pero extrañamente también siento emoción. Durante los días que siguen, hay tantas cosas que pasan a través de mi mente, que siento la necesidad de escribirlas. Le pido un lápiz y papel a una de las enfermeras. Unos minutos después, entra y me entrega una pequeña libreta acompañada con una pluma. Poesía comienza a brotar de mí.

Había intentado escribir antes de este momento; pero de repente tengo tanto que decir, que no lucho para formar las palabras. Como una fuente de agua rota, las palabras inundan la página.

19

"Hágase Su Voluntad"

Ayer visité un lugar que hoy solo existe en el pasado
La mayoría nunca elegiría visitar este lugar inesperado
Cuando conducía por el carril derecho de una carretera
Un error rápido pero costoso un joven tomó de carrera
Fue demasiado ciego al no ver
Que no era un camino prudente para escoger
Pero con ese movimiento que eligió
Con sus manos mi vida tomó
Ya que me desvié hacia la derecha
Pensé qué mi auto estaba fuera de peligro
No me imaginaba que mis posibilidades eran limitadas
Sentí el choque de la colisión
Perdí el control y mi auto su fue por una desviación
Ahí me di cuenta de que estaba en una terrible situación

Con vida propia el volante se desgarró de mis manos
Antes del fin de la moción, sentí el golpe de la explosión
Como fuerza de naturaleza
Sentí el dolor que en mis pulmones explotó
Ya que mi carro había girado hacia una terrible dirección

Al estallar contra un árbol

Al único que pude ver fue a mi amado Dios

Sentí su presencia conmigo en ese momento tan difícil

Cuando no podía hacer ningún comentario

Ni tomar una respiración

Lo único que pude hacer fue recostar mi cabeza

Y esperar el momento cuando todo el dolor cesaría

Y este mundo nada más que un recuerdo sería

En ese momento una visión de mi funeral apareció

Allí vi los rostros de todos los que amaba

Tenían lágrimas en sus ojos

Ya que pensaban que yo estaba muy lejos

Pero en mi corazón yo sabía

Que ahí mi presencia estaría

Para unirse a la celebración de mi graduación

De esta escuela, un gran reto que llamamos vida

Donde del sufrimiento no parece haber ninguna salida

Entonces me acordé de lo joven que yo era

Pero acepté que algunos morimos joven

Tristeza por la idea de irme yo no sentía

Pero luego me pregunté: "¿Esto podría ser mentira?"

La respuesta llegó en un sentimiento de anticipación

Supe que era momento de irme a la siguiente dimensión

Pero en ese mismo momento en mi mente aparecieron

Todos mis sueños, todas mis metas, todas mis promesas

Así que me encontré en un dilema

Y lo único que pude hacer fue pensar

Que la elección no era mía, si no de mi amado Dios

Pero en ese momento me di cuenta

Que yo y mi Creador somos Uno

Y por primera vez en mi vida

Le dije a mi Creador: "Has lo que quieras con mi vida"

Y recargue mi cabeza para descansar

Segundos después de que dije eso

Auxilio llegó en forma de un hombre llamado, Will

Este nombre en inglés significa voluntad

Así que sé que estoy aquí

Por nada menos que la Divina Voluntad

Después de escribir este poema siento una maravillosa sensación de satisfacción. Me siento agradecida de que se me han concedido unas "vacaciones" de mis responsabilidades. Siempre había deseado tiempo para explorar mis talentos y ahora tengo una gran cantidad para explorar mi mundo interior. Acepto la oportunidad de pasar el tiempo sin hacer nada; pero en silencio juro que voy a caminar en el menor tiempo posible.

Después de pasar días en silencio, durmiendo y en la introspección profunda, siento como que pudiera entender todo simultáneamente. Las respuestas a todas las preguntas que he tenido, sobre mi razón de existir aquí en la Tierra y sobre el sentido que tiene la vida, ahora parecen obvias. Las palabras de uno de nuestros maestros más grandes, Jesucristo, las enseñanzas de Gautama Buda y mis primeros intentos de entender la Biblia, ahora tienen sentido.

De repente, es muy fácil ver que nuestros pensamientos son el punto de origen de todo lo que experimentamos en nuestras vidas. Nuestros pensamientos crean el modelo de lo que vamos a experimentar. Esta claridad me impulsa hacia la curación y la reconstrucción de mi cuerpo; pero todavía necesitaré años para tener la capacidad de formular, en palabras, las claves que se me revelaron.

A pocos días de mi estancia en el hospital, tengo una visita inesperada. Will, el hombre que llamó a la ambulancia en la escena del accidente, entra con una bota ortopédica puesta en el pie. Me parece interesante y con una sonrisa le pregunto: "¿Qué pasó?" Él me dice que se retorció el tobillo mientras jugaba al baloncesto, el día después de mi accidente. Compartimos nuestras experiencias y me entrega este poema.

"Angel"

Hoy ayudé a un ángel

Dice que le salvé la vida

De una vuelta imprevista

Como un relámpago de luz

Su vida cambio de día a noche

Un ángel había caído

23

Como un pájaro con alas quebradas

Sufría demasiado para moverse

Estaba demasiado débil para hablarme

No pude salvarla con mis manos

Ni ayudarla con mi sabiduría

Todo lo que pude hacer fue consolarla

Con mi voz, recordarle lo bueno que es la vida

Ella quería irse, pero tuvo que quedarse

¿Dónde estaríamos sin ella?

Un mundo sin un ángel

Para mantenernos llenos de alegría

Con un ángel menos en nuestro mundo

¿En qué condiciones el mundo estaría?

Que bendición tan dulce, que alguien piense de esta manera. Recuerdo que le susurré: "cállate". "No sé qué decir ahora, estoy un poco avergonzada". Los dos nos reímos al recordar.

Después de que él se va, me doy cuenta de que el Día de las Madres se acerca. Quiero hacer algo especial para mi mamá; pero no hay mucho que pueda hacer desde mi cama. Comparto mis inquietudes con la enfermera y me sugiere que vaya a la tienda de regalos a ver lo que hay. Momentos después, ella entra con una silla de ruedas y me dice: "El fisioterapeuta estará aquí pronto para mostrarte cómo transferirte a la silla".

Es hora de que salga de mi habitación y comience a explorar mi ambiente, pero mi nueva realidad me atemoriza: "Así es. Así es como voy a moverme desde ahora. ¿Cómo voy a ser capaz de

andar en público de esta manera? La gente me mirará con lástima".
Estoy nerviosa y me estremezco pensando en la atención que la
silla inevitablemente me traerá.

Me doy cuenta de mis inseguridades y de lo superficial y
egoísta que he sido. He confiado demasiado en mi apariencia
física. Siempre he sabido que las personas son influenciadas
visualmente y he tomado el provecho máximo de esto. Recuerdo
que planificaba el mejor traje para obtener los mejores resultados
de cada ocasión. Mi lema era: "Siempre hay que vestirse para el
éxito". Quería ganarme la aprobación de todos.

Ahora mirando mi nueva realidad, la silla de ruedas frente a mí
parece desalentadora. Al instante me enfrento a mi ego. Lo oigo
susurrar: "Sólo vuelve bajo las sábanas y olvídate de este lío". Una
parte de mí quiere escuchar y evitar la tarea, pero decido seguir
adelante con ella. Mi corazón se acelera como si estuviera a punto
de competir en una carrera.

El fisioterapeuta entra alegremente y muestra cómo
transferirme a la silla. Es un reto, pero antes de darme cuenta ya
estoy rodando por el pasillo. Mi corazón late rápidamente. Me
siento avergonzada y tímida, pero es mejor estar haciendo esto,
que estar acostada en la cama. Las enfermeras me miran desde su
estación con una sonrisa de aliento, mientras ruedo por delante de
ellas. Le doy en dirección al ascensor. Una vez dentro del
ascensor, aprovecho el tiempo a solas para calmar mis nervios. Me
acuerdo de los ejercicios de respiración que aprendí, que me
ayudan a silenciar mis pensamientos. Inhalo mientras cuento hasta
cinco. Mantengo el aire adentro de mis pulmones mientras cuento
a otros cinco y exhalo mientras cuento a los últimos cinco.
Aprendí que al mantener la respiración adentro de los pulmones,
le damos tiempo al oxígeno que circule a través de la sangre y
limpie las toxinas.

Me siento nerviosa y al llegar al primer piso me encuentro atrapada como un ciervo en los faros. Inmediatamente me enfrento con las miradas que temía. La gente está mirándome con preguntas obvias en sus ojos. Mi respuesta instintiva es sonreírles alegremente. Se ven perplejos al mirar mis piernas. No saben cómo responder a mi euforia. Esto me da un cosquilleo y al instante, me doy cuenta de que no importa cómo nos miramos, lo que más importa es cómo nos sentimos. No sólo es sentirnos bien, lo que todos buscamos; este momento me muestra claramente que al elegir los pensamientos que nos hacen sentir realmente bien, automáticamente tenemos una influencia positiva sobre los demás. Tenemos el poder de traer la luz del sol a cualquier habitación, a pesar de cómo nos miramos.

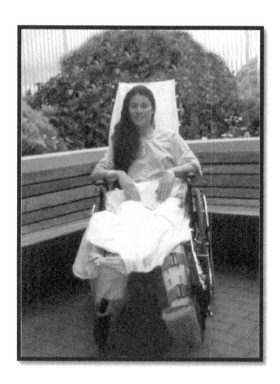

Las miradas curiosas que continúan hacia mí, me ayudan a entender que una sonrisa genuina, una que proviene de pensamientos alegres y la alegría de ser, es la única arma que tenemos para desviar los pensamientos destructivos de los demás. Es como una pieza de armadura impenetrable que nos protege. Rápidamente me doy cuenta de que es la anécdota perfecta contra los pensamientos de lástima y preocupación equivocada como: "Pobre chica, ¿qué le pasaría?". Esta anécdota se puede aplicar a todas las situaciones.

Ahora, en la tienda de regalos miro una gran cantidad de objetos bellamente artísticos, pero inmediatamente me siento atraída a un marco de cristal de color rosa con rosas biseladas. Es el regalo perfecto para el día de las madres, sobre todo porque a mi mamá le encantan las rosas. Es lo más parecido a una docena de rosas reales. Lo compro y lo llevo a mi habitación. Una vez allí, me siento decepcionada cuando me doy cuenta de que no tengo una imagen para ponerle. No estoy segura de qué hacer con esto, así que cierro los ojos y pienso en mi mamá hasta que siento su esencia.

Al hacer esto, pensamientos e imágenes incontables surgen a mi mente. Crecí codiciando su aprobación y afecto, y porque no los tuve de la manera que esperaba, me sentí enojada y resentida. Como resultado de esto, vivimos mi niñez y juventud sufriendo diferentes tipos de conflictos. Ahora, encamada en el hospital me siento obligada a sacar mi pluma y papel. Esta vez, en lugar de pensar en todo el dolor y el resentimiento, pienso en todos los sacrificios que hizo para darme una vida mejor. La decisión increíblemente difícil que tomó, de dejarme con mis abuelos para poder cruzar la frontera de México hacia California, cuando tenía sólo diecinueve años. Los peligros y la soledad a la que se expuso, para ganar suficiente dinero para proveer mis necesidades y educación. En el rancho de dónde venimos, la educación gratuita era muy limitada. Por lo general, había un maestro y un solo salón de clases para todos los grados de primaria. Incluso en Tepic, la ciudad más cercana donde la educación primaria era accesible, los costos de admisión y materiales tenían que ser pagados por las familias. Por lo tanto, si venía uno de familia pobre, como nosotros, era raro lograr algo académicamente y así crecer más allá de la clase social en la que uno nació.

Cuando pienso en las luchas que mi mamá compartía con lágrimas en sus ojos, ahora permito que mi corazón realmente escuche su alma. Pienso en todas las cosas que hacía, que representaban el amor que tenía por mí. Al hacer esto, las palabras empiezan a fluir.

"Una Madre Extraordinaria"

Este día en que celebramos a nuestras Madres
Me he puesto a pensar en ti, mi Madre
Me he puesto a pensar en tu vida pasada
Por los arroyos y puentes que has cruzado
De que a pesar de todo tu sufrimiento
Una fuerza extraordinaria has demostrado
Con todo esto me he dado cuenta
Que eres la madre que yo algún día sueño ser
Con todas tus cualidades de fortaleza y fe
Tu espíritu es uno que brilla con fuerza y determinación
Yo sé que soy quien soy ahora por fuerza de tu corazón

Nada más con pensar en todo lo que has vivido

Me doy cuenta de la suerte que he tenido

De que mi alabado Diosito me haya dado

Una madre que siempre está a mi lado

En este día en el que celebramos a nuestras Madres

Junto a tu lado quiero celebrar

Tu gran ejemplo de madre

Una madre que siempre ha demostrado

Todas las responsabilidades

Que Dios le ha asignado

Con estas letras espero que sepas

Que eres una madre extraordinaria

La próxima vez que ella viene a visitarme, la sorprendo con su regalo. Al leerlo, las lágrimas ruedan suavemente por sus mejillas. Ella expresa su gratitud y arrepentimiento simultáneamente: "Mija, por favor perdóname". Estoy más que sorprendida por sus palabras. Inmediatamente me calman y no puedo más que responder con: "Perdóname a mi mamá". Nos damos un abrazo largo. Es como si sus palabras entraran muy dentro de mí y sanaran las heridas que no había podido sanar. Siento que mi corazón descansa dentro del de ella. En lo profundo de nuestros corazones, las dos estamos agradecidas por esta segunda oportunidad. Esto marca el comienzo de la curación de nuestra relación.

CAPÍTULO 6:
AVANZANDO

Después del largo abrazo, mi mamá mira alrededor de la habitación y me ayuda a recoger mis cosas personales. Ya han pasado dos semanas y hoy me permiten volver a casa. Esperamos que me den de alta y que un asistente me lleve hacia afuera. Me ayuda a subir a la camioneta y coloca mi silla de ruedas en la parte de atrás. Le damos las gracias, se sube mi mamá y nos alejamos del hospital. Es la primera vez que he estado afuera en dos semanas, y la primera vez que he estado en Santa Rosa, California. Como no vi la ciudad cuando llegué, tengo curiosidad de ver cómo se ve. Al alejarnos veo casas hermosas, edificios y boutiques pequeños. Disfruto la luz del sol y la actividad por las calles. Tiene la sensación de un pueblo pintoresco y tranquilo. Siento una sensación de vulnerabilidad al irnos lejos del lugar que me sostuvo en sus brazos y que se preocupó por mí desde que llegué.

De camino a casa, llegamos a la yarda de demolición donde tienen a mi auto. Tengo que recoger un maletín lleno de papeles y documentos importantes, que llevaba el día del accidente. Estoy asombrada cuando doy el primer vistazo a mi auto destrozado. Al instante recuerdo cómo se veía antes del accidente.

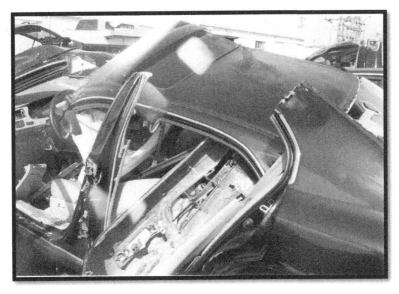

Mi hermoso auto está destruido. No puedo creer lo feo que se ve. Se siente surrealista verlo así, pero al mirarlo me confirma la realidad del accidente. No es que no se haya sentido real cuando sucedió, pero al ver la condición en que está, realmente hace que todo tenga sentido. Esta pieza de metal destrozada me da el mensaje claro; no nos iremos juntos a casa.

No puedo soportar mirarlo por mucho tiempo. Quiero recoger mis pertenencias y poner esta experiencia lo más detrás de mí que sea posible. Le tomo las fotos que ves aquí y le pido a mi madre que me ayude a vaciar la consola, la guantera y la cajuela. Ella pide unas bolsas de la oficina administrativa y mete todo en ellas. Inmediatamente nos dirigimos a casa, completamente en silencio. Esta breve pausa en mi vida ha terminado. Es el momento de seguir adelante.

Al llegar a casa, mi madre sugiere que duerma en la sala para que pueda pedir ayuda fácilmente, cuando sea necesario. Ya tiene el sofá-cama extendido y preparado con sábanas y cobijas limpias. No hay televisión en esta habitación, así que tengo que encontrar otras maneras de pasar el tiempo. Esto no es demasiado difícil, ya que estoy bastante acostumbrada a estar sin ella. No teníamos televisión cuando yo era niña en México. Mis primeros recuerdos de la televisión consisten en caminar frente a una de las casas del vecindario y ver a todos amontonados en frente de una de trece pulgadas. Parecía claustrofóbico y unirme a ellos no era una idea atractiva. En cambio, pasaba mí tiempo jugando juegos al aire libre con los niños del barrio.

Le pido a mi mamá que me traiga los libros de mi biblioteca y cualquier otro que ella piense que sería bueno. La mayoría de los libros que me trae son de autoayuda y de motivación, pero junto con ellos también trae una Biblia. Me sumerjo en los volúmenes que tenía tiempo queriendo leer; pero por una razón u otra, no me había dado el tiempo. Las historias ayudan a mantener mi mente entretenida, y en un estado positivo.

La vida en nuestro hogar lentamente regresa a su ritmo. Ya es tarde por la mañana y mis hermanos y hermana están en la escuela. Mi mamá anda haciendo mandados. La necesidad de ir al baño me pega al instante. Con la prisa de transferirme a la silla de ruedas pierdo el control y momentáneamente olvidé que no debo de soportar el peso con mis pies. El dolor agudo que se dispara por mis piernas, instantáneamente me lo recuerda. Veo el suelo que viene hacia mi cara y pongo mis manos enfrente de mí para suavizar la caída.

La casa está en silencio. Todo lo que oigo es el sonido de mi propia respiración. Miro a mi alrededor y deseo que alguien estuviera aquí. Me observo desde la perspectiva de un espectador, y me imagino el espectáculo lamentable que debo ser. Recuerdo las innumerables veces que entré a un restaurante bonito, con un hermoso vestido drapeado alrededor de mis piernas. Intento luchar contra las lágrimas de autocompasión que están brotando.

Después de recuperarme de la humillación de la caída, le echo la mano a la silla de ruedas. Al intentar agarrarla, se lanza de mi alcance y me caigo de nuevo. Me doy cuenta de la importancia de ser emocionalmente fuerte. Nadie más que nosotros mismos somos responsables por nuestro bienestar, físico o emocional. Este pensamiento me da un impulso de fuerza para intentarlo de nuevo; pero como mis dos pies están heridos, soy incapaz de soportar mi propio peso. Me esfuerzo para levantarme con mis brazos, mientras le pongo la carga de mi peso a mis rodillas. Soy incapaz de levantarme, ya sea a la silla de ruedas o la cama. Después de intentarlo con toda la fuerza que me queda, me caigo de nuevo sobre mi estómago y cedo a las lágrimas que ahora están rodando por mis mejillas. Me siento completamente impotente, y sola.

Estoy ejercitando el control sobre mis emociones, cuando oigo la voz preocupada de mi hermano: "¿Qué pasó? ¿Estás bien?". Antes de que le responda, instintivamente se inclina, me recoge y me ayuda a sentarme en la silla. Estoy sorprendida por verlo: "No sabía que estabas aquí". Él intenta evitar que vea la tristeza en sus ojos. Puedo ver que le duele verme así. Le doy una sonrisa comprensiva y sale de la habitación tranquilamente. Me siento mucho mejor después de que se va. Pasé de sentirme completamente impotente y lamentable, a una sensación de calma y capacidad. Al sentir la fuerza y el apoyo de sus brazos, me sentí atendida. Esto me ayuda a entender lo importante que somos unos para los otros.

A medida que los días se convierten en semanas y las semanas se convierten en meses en el sofá-cama, recuerdo que yo siempre he pensado que sería maravilloso no tener que trabajar. Tener tiempo libre e ilimitado parecía como un sueño, pero ahora estoy descubriendo que no es divertido. Las horas interminables caminan como en cámara lenta. El tiempo parece haberse detenido. Estoy perdiendo la pista de él. Un día no es diferente que otro. El sábado es lo mismo que el lunes. Las seis de la mañana son lo mismo que las seis de la tarde. Me siento como un león enjaulado. La recuperación está progresando más lento de lo que esperaba. Recuerdo que mi cirujano sonrió cuando le dije que correría de nuevo en seis semanas.

La sensación de hormigueo que circula a través de mi cuerpo me trae de vuelta al presente. Mi inquietud está creciendo, quiero moverme y expresar mi energía física. Siento que se agita dentro de mí. Anhela ser liberada. Es como una picazón en el profundo de mi interior que quiere ser rascada. La única manera de llegarle es a través del movimiento físico. Estoy tan acostumbrada a hacer ejercicio todos los días, que esta inmovilidad me está ahogando. ¡Quiero gritar! Tengo que hacer algo rápido.

Recuerdo lo bien que me sentía cuando iba al gimnasio y anhelo estar allí una vez más. Me encantaría poder hacer ejercicio como antes lo hacia; pero mis pies todavía se están recuperando y tengo que obedecer las órdenes de mi cirujano. No debo ponerles peso.

En un acto de desesperación, me lanzo de la silla sobre mis rodillas y hago unas lagartijas. El alivio inmediato que siento me da tanta alegría, que es difícil contenerla. Siento satisfacción, al dejar que la energía circule a través de mi cuerpo. Finalmente estoy rascando la picazón que no podía rascar. Absorbo la energía que fluye por mis venas.

Lo más lento posible, pero el proceso está avanzando. Estoy sentada en una cama de examen, esperando que mi cirujano examine mi pie derecho. Le acaban de quitar el yeso y tengo mucha comezón en mi dedo gordo. Me agacho y le rasco. ¡Al rascarle, una pieza de piel muerta se cae! ¡Sigo rascándole y más piel se cae! ¡Está cayendo en capas gruesas! Me está poniendo nerviosa, pero no puedo dejar de rascarle. Quiero ver cuándo va a parar.

Mi mamá se sienta a mi lado y me regaña suavemente: "Cálmate y deja de rascar". El médico entra y al ver la expresión de mi rostro me explica: "Es normal que la piel muerta se acumule durante los meses que no ha podido lavar su pie". Le echa una mirada y comenta: "Los huesos están sanando bien. Una enfermera entrará en un momento para mostrarle cómo cuidar esta herida. Vamos a programar una cita para dos semanas y veremos cómo sigue". Cuando sale de la habitación, la enfermera entra.

Ya estando en casa, sigo las instrucciones que me dieron. Se me hace difícil lavar el pie y quitarle todas las capas de piel muerta. La herida abierta en la base del dedo gordo tiene que mantenerse seca. Me seco a fondo y vuelvo a llenarla con una gasa estéril. Me sorprendo por la gran cantidad de gasa que puedo meter adentro del agujero. Debe ser alrededor de 30 centímetros de larga. Aguanto el mareo que siento en el estomago y envuelvo todo el pie con vendas protectoras.

La próxima cita se acerca rápidamente y estoy de vuelta en el consultorio de mi médico. Él desenreda las vendas de mi pie y lo observa por un largo rato: "Esta herida no ha cambiado desde la última cita. Puede ser que tengamos que realizar una cirugía para cerrarla. De lo contrario, podría infectarse". La palabra "infectarse" me alarma y pongo toda mi atención: "¿Qué? ¿Infectarse?" Él responde: "Sí, y si eso ocurre hay una posibilidad de que podría perder el pie completo." Preocupada, le pregunto: "¿Cómo se va a cerrar?" Él explica: "Crearíamos lo que se le llama una hoja plegadiza. Podríamos cortar un pedazo de piel sana junto a la herida, darle la vuelta, y colocarla arriba de la herida existente". Yo le pregunto: "¿Por qué no podemos dejar que se cure por sí misma?" Él responde: "No podrá curarse por sí misma. El tejido de la piel no crece sobre los tendones. Es por eso que está tomando tanto tiempo para sanar". Me opongo: "No quiero otra cirugía. ¿Me podría dar un poco de tiempo para intentar curarla de forma natural?" El me pregunta: "¿Cómo piensa hacer eso?" Le respondo: "He leído acerca de lo poderoso que son nuestras mentes y que con nuestros pensamientos podemos instruir a nuestro cuerpo que sane". Anhelo poner la información a la prueba. Él se muestra muy indeciso; pero después de unas pocas más súplicas, me concede lo que le pido: "Está bien, voy a darle oportunidad hasta su próxima cita que va a ser en dos semanas. Si no veo un cambio en la profundidad y el tamaño de la herida, voy a pedir una intervención quirúrgica de inmediato".

Estoy decidida a no volver a la sala de cirugías. No puedo ver la lógica de causar una nueva herida para sanar una herida existente, y de nuevo comenzar el proceso de curación. Veo que inevitablemente, se podria causar un efecto dominó. ¿Y si la nueva herida no se cura? ¿Vamos a repetir el proceso y cortar otra sección de mi pie para crear otra hoja plegadiza? Me parece como un ciclo de autodestrucción. Con determinación decido que voy a poner mi fe y poder de sanar a la prueba.

El significado de una de las frases conocidas de la Biblia aparece claramente en mi mente. Cuando Jesucristo nos dice, que, si creemos en él, podemos hacer las cosas que él hacia y más cosas podremos hacer. Entiendo que esto significa que todo en lo que creemos, lo podemos lograr; porque el poder está dentro de nosotros. Aquí me encuentro acostada; pero con una oportunidad maravillosa para comprobar cosas que eran de conocimiento común para nuestro maestro mayor. Yo la acepto de todo corazón y me comprometo a sanar de nuevo.

Empiezo por hacer ejercicios y visualizaciones energizantes. Mientras que estoy acostada con los pies arriba de un montón de almohadas, miro la herida y la imagino cada vez más pequeña, hasta que se cierra por completo. Veo la imagen en la pantalla de mi mente al enviarle energía consciente a mi pie, apretándolo y relajándolo repetidamente. Lo aprieto y lo suelto. Lo aprieto y lo suelto. Me imagino que el tejido saludable de piel rosita se injerta sobre el tendón. Lo miro como un hecho, el proceso está completo y estoy mirando a mi pie ya sano. Se ve saludable, igual que antes. Siento una sensación de alegría, como si realmente estuviera viendo mi pie ya sano y perfecto. Conscientemente, aumento la alegría mediante la sustitución. Es una técnica de actuación que aprendí, que fortalece nuestra fe y sentido de realidad para una experiencia actual, mediante la transferencia de emoción de una experiencia recordada. Recuerdo un momento en mi vida, durante el cual me sentí verdadera y auténticamente alegre. Me permito sentir la alegría de nuevo al revivir el recuerdo de la experiencia. Ahora, transfiero este sentimiento de alegría hacia la imagen de mi pie ya curado. Veo la imagen mientras me concentro en aumentar la alegría, hasta que irradia desde el interior de mi plexo solar. Me doy cuenta de que estoy conscientemente permitiendo mi curación y poniéndola en el presente y estoy muy agradecida.

En mi próxima visita, mi cirujano está muy sorprendido al ver los cambios de la herida. Ve que está significativamente menor y me pregunta: "¿Cómo le hiciste?" Le comienzo a explicar: "Visualicé mi pie y..." El levanta la mano hacia el aire, y me interrumpe al decir: "No importa. No me digas. Lo que hayas hecho, sigue haciéndolo". Sonrío con la comprensión de que desde su perspectiva, él no cree en las cosas que no han sido comprobadas científicamente. A mi, todo lo que me importa es que estoy teniendo una curación milagrosa.

Han pasado cinco meses desde que ocurrió el accidente y el medicamento para el dolor me está causando nauseas. Lo he tomado cada cuatro horas desde que salí del hospital. Me siento enferma, y la idea de tomar otra dosis causa que mi estómago de vueltas. Me ayuda a controlar el dolor y a dormir; pero también he estado tomando relajantes musculares para aliviar los espasmos, y antiinflamatorios para reducir la hinchazón. Ya que estos me están causando síntomas, ahora me recetaron medicamentos para contrarrestarlas. Un total de siete medicamentos están frente a mí, en la mesa de café. Estoy mirando las señales del ciclo inevitable de la enfermedad. Las advertencias en las instrucciones de medicación me asustan, y exclamo en silencio: "¡No puedo seguir tomando esto!". Solo la idea de ingerir más hidrocodona me da náuseas. También he oído que es adictiva. Esto me ayuda a reafirmar mi decisión de iniciar el proceso de destete. Sé que será muy difícil; pero tengo que tomar una posición firme.

Para garantizar mi éxito, tengo que encontrar una manera productiva de llenar mi tiempo. Todavía uso vendas en el pie derecho; pero ya puedo usar una bota ortopédica. Mi pie izquierdo ya cabe dentro de un zapato suelto. Ya que finalmente tengo la capacidad de empezar a moverme con muletas, decido tomar clases de actuación en el colegio local.

Es un día hermoso de septiembre. Salto con mis muletas por los pasillos, inmersa en la energía del colegio. Puedo ver la anticipación de los estudiantes por las cosas grandes que se imaginan en su futuro. La mirada de sus ojos me dice que tienen aspiraciones de cambiar el mundo.

Mi clase está ubicada en un tráiler portátil, con una rampa que estoy luchando para escalar. Me doy animo yo misma: "Lento y estable, lento y estable." Me muevo con cuidado, manteniéndome atentamente centrada en mi tarea. Estoy segura de que otros estudiantes me hechan miradas; pero no me importa, me siento bien al moverme.

Encuentro un asiento y comienza la clase. Estoy escuchando al profesor que explica cómo se crean los acentos, cuando siento que el dolor que he tenido durante los últimos tres días se intensifica y se convierte en una jaqueca insoportable. Me encantaría descansar mi cabeza sobre el escritorio. El dolor es difícil de soportar ya que no he podido dormir. Me doy masaje en mi cuello y trato desesperadamente de calmar el dolor. La intensidad es implacable. Sé que el medicamento hará que desaparezca. Por una milésima de segundo, considero tomarla de nuevo; pero de inmediato me imagino el efecto dominó. Decido que no me entregare a él. Ya he aguantado tres días y no voy a perder el esfuerzo que he realizado. Tengo que calmarme.

No quiero interrumpir la clase, así que hago unos ejercicios de respiración silenciosamente. Empiezo a respirar y a contar hasta cinco. Detengo la respiración mientras cuento hasta cinco y exhalo al contar hasta cinco. Puedo ver al profesor; pero su voz se oye muy lejos, ya que estoy en un estado de relajación. De repente, siento una explosión calientita en la base de mi cráneo; el punto exacto donde mi cabeza termina y empieza mi cuello. Explota, e inmediatamente se extiende hasta la parte posterior de mi cabeza. Sigue por mi cuello, a través de mis hombros y por medio de mi espina dorsal. Una sensación maravillosa de alegría la acompaña. No puedo creer lo que está sucediendo. ¡Se siente mágico! Quisiera levantarme y contarle a la clase; pero obviamente pensarían que estoy loca, así que silenciosamente absorbo la sensación calmante. Permito que mi cuerpo la saboreé. Cuando para la sensación de extenderse, el dolor de cabeza se desaparece completamente.

Estoy asombrada. Me gustaría poder contarle a toda la gente de los misterios que se me están revelando a través de este viaje increíble. Nunca en mi vida había visto pruebas del poder que nos sostiene y nos sana.

CAPÍTULO 7:
LIBERANDO

Unos días después, tengo una cita con mi abogado. Se ha determinado que el conductor culpable es un joven de veinticinco años de edad, que no tiene bienes. Mientras estoy sentada en su oficina, el abogado explica: "A pesar de que usted tiene derecho de demandarlo, es probable que no reciba beneficios, porque todo lo que él poseía era la camioneta con la que causó el accidente. Su único recurso es registrar un derecho de retención contra sus bienes futuros". Estoy interesada por saber más sobre eso, así que le pregunto: "¿Qué quiere decir, presentar un derecho de retención contra sus bienes futuros?", él explica: "Esto significa que cuando compre una casa o cualquier cosa de valor sustancial en el futuro, puede obligarlo a venderla y compensarla".

Me imagino a este joven de veinticinco años luchando para cubrir los atrasos financieros, sintiéndose como me he sentido toda mi vida. Lo veo luchando financialmente, mientras sufre los efectos residuales del error que cometió; lo cual se extiende inevitablemente a su familia y a su vida hogareña. Me veo a mí misma, viviendo las complejidades de una batalla judicial. Desde citas con mi abogado, respeto a las mociones que se presentarán, hasta la preparación y asistencia a las citas judiciales. Esto me consumiría inevitablemente con pensamientos de enojo y sentimientos de victimización, que podrían continuar y alimentarse unos a los otros indefinidamente.

Está claro que tendré que apoyar y justificar mis acciones de demandarlo, mental, verbal, y emocionalmente. Lo cual inevitablemente me convertirá en el nuevo perpetrador de la situación. Con mi enojo, resentimiento y la necesidad de castigar, crearé más sufrimiento. Con mi nuevo conocimiento de que los pensamientos tienen poder creativo, me doy cuenta de que esto creará experiencias similares. Me atraerá a otras personas, cosas y eventos que tienen rasgos similares al enojo y al resentimiento. La oleada de emociones podría continuar indefinidamente y podría llevarme por medio de un ciclo infinito de pensamientos, acciones y reacciones negativas. Esto también podría ponerme en peligro de perder de vista el punto de origen, y de nuevo encontrarme completamente perdida en mis circunstancias. En última instancia, no importa lo que sucedió, lo que importa es lo que está sucediendo ahora. El punto de la creación está siempre en el presente.

Esta previsión sucede en cuestión de milisegundos, mientras estoy sentada en frente de mi abogado. Tengo una sensación turbia en mi estómago que se expande desagradablemente por todo mi pecho y burbujea por mi garganta. "Eh!" Es la única palabra descriptora que expresa cómo me siento. Al instante reconozco esta sensación y me doy cuenta de que no quiero sentirme así nunca más. Así es como me he sentido la mayor parte de mi vida y especialmente unos meses antes del accidente. ¡YA NO QUIERO SENTIRME DE ESTA MANERA!

Mi instinto es girar en la dirección opuesta. No quiero tener nada más que ver con esto, ni quiero seguir creando el mismo tipo de experiencias. Deseo una nueva vida y mi voz interior dice que la única manera que voy a sanar de esta experiencia es al liberar todo. Debo dejarlo donde ocurrió y pulsar el botón de reinicio en mi vida. Es crucial no llevar esto hacia el futuro. Aunque la culpa es claramente del joven y mi enojo sería justificado, me sentiría mal al reclamar sus bienes futuros como los míos.

"¿Quieres que empiece el trabajo administrativo?" Mi abogado interrumpe mis pensamientos. Le niego suavemente con mi cabeza: "No, no quiero hacerle eso. Por favor cierre el caso.

Gracias por sus servicios". Lleno el papeleo final y me voy de su oficina rengueando con mis muletas, pero juro que forjaré mi propio camino en el mundo. No necesito alimentarme de otro ser humano para tener mis necesidades cubiertas.

Aunque no tengo seguro médico, mi cirujano ortopédico ha continuado atendiéndome como un paciente ambulatorio; con la promesa de que a su oficina médica se le reembolsará con el pago del seguro de auto. Ahora que lo he recibido, le llamo y le pregunto cuánto le debo. Su respuesta me sorprende inmensamente: "Yo no voy a cobrar por mis servicios. El dinero le va a servir mejor a usted y le ayudará a volver a poner los pies sobre la tierra". La palabra, "conmocionada" no es lo suficientemente fuerte para explicar la sensación que siento al oír sus palabras. Todo lo que puedo hacer es expresar mi sentimiento profundo de gratitud. Esta es la primera vez que una persona que no es parte de mi familia ha hecho un sacrificio tan grande para mí.

Unos días después, recibo la respuesta a la solicitud de ayuda financiera que envié. Pedí ayuda para pagar la factura del hospital. Me informan que han decidido pagar el saldo. Una vez más, me encuentro impresionada. Leo la carta de nuevo. No tengo palabras para explicar la generosidad que se me está expresando. Pensé que mi aplicación sería una apuesta arriesgada; ya que la cantidad total de la factura era un poco más de setenta y seis mil dólares. Pensé que, si tan solo se ofrecieran a pagar una cantidad parcial, sería de gran ayuda. Esto se siente increíble. Se siente demasiado bueno para ser verdad.

Esta es la primera vez que tengo experiencia directa con la filantropía y estoy realmente sorprendida de que existen tales organizaciones y gente bondadosa en nuestro mundo. Aunque mi cuerpo físico está muy dañado, parece un intercambio justo por tener estas nuevas experiencias. Al ser testigo de tales bendiciones, mi fe está volviendo a la vida. Pienso que, al liberar al joven culpable, al soltar los malos pensamientos y sentimientos y al centrarme en un buen futuro, ya no estoy bloqueando la fuerza benevolente que siempre está trabajando a través de los que nos rodean, para cuidar de nosotros. Cosas maravillosas están sucediendo en las secuelas de esta tragedia.

Al fin, estoy lo suficientemente bien para volver al gimnasio. Como no tengo seguro médico para cubrir las sesiones de terapia física, tengo que hacerlo yo misma. Estoy nerviosa y tengo un poco de miedo; pero no tengo más remedio que seguir adelante. Me visto con mi ropa de gimnasio, reúno todo mi valor y salgo de la casa. Me siento un poco incómoda, ya que no estoy segura de cómo va a responder mi cuerpo. Aunque ahora puedo soportar el peso sobre los dos pies, todavía tengo problemas con el dolor y el equilibrio. Así que uso un bastón para apoyarme. Me siento nerviosa por cómo voy a ser observada caminando dentro del gimnasio con un bastón; pero decido transformar esos pensamientos y concentrarme en la curación. Me digo en silencio: "Pondré mi cuerpo en buena forma". Esto es más importante para mí, que lo que otros puedan pensar. Concentro toda mi atención en cómo mi cuerpo se va a ver cuándo este sano. Esto me ayuda a transformar los pensamientos y sentimientos nerviosos, en anticipación gozosa.

Después de entrar al vestidor y guardar mi bolsa de gimnasio, me dirijo directamente al Step Master. Es una máquina construida para ejercitar las piernas al pararse de puntas y empujar hacia abajo con los pies. Se alterna un pie y luego el otro. Decir que es muy doloroso en estas condiciones, es una declaración insuficiente. Gotas de sudor están escurriendo por mi espalda y por mi frente. Creo que jamás he sudado tanto. Es tan doloroso que me dan ganas de llorar y abandonar esto; pero en cambio, juro que voy a recuperar mis piernas. Con lágrimas de dolor escurriendo por mi cara, sigo adelante. Me repito a mí misma: "Suave y estable. Suave y estable". Me siento insegura de ser percibida por la gente que me rodea; pero evito la agitación de mi energía al no concentrarme en los sentimientos turbios que este pensamiento crea. En lugar de ello, dirijo mi atención hacia mi meta.

Sigo trabajando, aunque siento dolor y visualizo imágenes de cómo quiero que mis piernas se vean de nuevo. Recuerdo claramente la definición muscular que tenían antes y celebro internamente que las tengo de nuevo. Revivo la alegría, como si realmente estuviera mirando mis piernas fornidas y sanas. He leído que las células y los músculos tienen memoria, así que creo que como he ejercitado la mayor parte de mi vida, mi memoria muscular se activará y me ayudará a reconstruir. Este es el sistema de creencias que elijo conscientemente.

Como si estuviera de pie delante del espejo mirando mis piernas ya reconstruidas, permito que el sentimiento de alegría irradie en mi plexo solar. Veo imágenes de mis piernas maravillosamente saludables, que brillan al correr por la playa disfrutando del sol hermoso. Casi puedo sentir la arena entre los dedos de mis pies. Qué maravilloso es permitirme sentir que todo va a estar bien.

CAPÍTULO 8:

REVELACIONES CLAVE

Al desarrollarse cada una de nuestras vidas, revelan las claves que nos ayudan a vivir con éxito. A pesar de que se revelan a través de experiencias variadas, y a menudo por medio del sufrimiento; nos enseñan lecciones similares.

A través de esta experiencia increíble, descubrí que somos energía consciente; que somos creadores; que la divinidad es nuestra naturaleza; que el perdón nos libera; que tenemos el poder de curar; y que el presente es lo único que tenemos. La revelación de estas claves me ayudó a descubrir mi potencia creativa. Ahora siento que vivo en el presente y espero infinitamente más felicidad. En general, estas claves me ayudaron a aprender a sentirme feliz por medio de la apreciación de las experiencias que cada momento trae; incluso si son un reto. Ahora entiendo que los desafíos son ejercicios que nos ayudan a practicar y a fortalecer nuestras habilidades, en preparación para las próximas tareas. Con estas revelaciones, intento ser una creadora consciente. Deseo inspirar a otros a dejar de sufrir, al descubrir el poder inmenso que vive dentro de ellos.

Es realmente inspirador y emocionante tener estas revelaciones. He deseado compartirlas durante mucho tiempo, pero no fue hasta que escuché y confié en mi voz interior, que tuve la capacidad de documentarlas y presentarlas.

CLAVE 1
SOMOS ENERGÍA CONSCIENTE

Desde el día del accidente, me he hecho preguntas acerca de la relación entre la luz que vi en el océano de rostros y la luz que reemplazó a mi cuerpo físico. Las preguntas que me quedan son: "¿Era la luz en las cuencas de sus ojos un reflejo de la luz que yo irradiaba? ¿Fue mi propia luz, la que se reflejó a través de sus ojos? ¿Vi a mi propio reflejo? ¿Vi a mi propio SER?". Cuando me hago estas preguntas, siento que estoy a punto de descubrir algo increíble. Aun así; el carácter alusivo de esta experiencia es todavía demasiado intangible para poder comprenderlo plenamente. Lo que sé, es que yo existía; pero mi cuerpo físico no estaba allí. Fue verdaderamente alucinante descubrir que en lugar de mi cuerpo había pequeñas partículas de luz de color. Ellas flotaban y se arremolinaban en unísono; pero sin una forma definida. Aún más sorprendente fue que, aunque mi cuerpo físico desapareció, yo me sentí presente y normal. Mi personalidad y sentido de identidad estaban intactos. Sentí que estaba parada de pie; pero en qué lugar estaba, todavía es difícil de comprender.

Al intentar darle sentido a esta experiencia, me referí a investigaciones científicas que han descubierto que lo que parece ser sólido, en realidad no lo es. Todas las cosas están hechas de partículas que se mueven entre espacios vacíos. Todo en nuestro mundo físico se mueve o vibra a una frecuencia mensurable. Las moléculas, que son los componentes básicos de la materia están compuestas de partículas que se mueven y se llaman átomos. Los átomos, están compuestos de partículas que se mueven y se llaman electrones. Todo en nuestro mundo está en un estado constante de movimiento o vibración. La forma en que lo percibimos con nuestros cinco sentidos depende de la velocidad del movimiento. A un ritmo de vibración, lo percibimos como el sonido. A un ritmo más alto de vibración, lo percibimos como calor. A vibraciones aún más altas, lo percibimos como luz. En el centro de la más pequeña de estas partículas de materia, hay una fuerza invisible. Esta fuerza hace que los átomos circulen alrededor de los otros, a un ritmo de velocidad inmensurable. Según algunos líderes espirituales, esta fuerza invisible es la base de nuestro origen. Todo en nuestro mundo físico tiene su origen en esta fuerza.

Aunque mi experiencia me sigue dejando en estado perplejo; creo que ésta es una explicación plausible de la hermosa luz que vi remolineando en lugar de mi cuerpo físico. Como me sentí presente, despierta y consciente de estar ahí; he llegado a la conclusión de que somos luz o energía consciente. Esta energía consciente, vibra a una frecuencia tal que nos transformamos en una forma física. Esta luz brilla con increíble luminosidad y es lo que realmente somos.

Somos un producto de la energía que vibra a máxima velocidad y que es el componente básico de todo lo que existe. Somos una chispa de la energía inteligente, que todo lo sabe y que existe en todo. Se le llama, omnipresente, porque esta energía existe en todas partes; en todo, cada ser, animal, vegetal y objeto. Se le llama, omnisciente, porque esta energía inteligente es infinita. Se le llama, omnipotente, porque esta energía es la fuente y el poder de todo lo que existe. En definitiva, somos esa energía consciente e inteligente, que se ha dividido y transformado en cada uno de nosotros.

Esta energía desea expresarse a través de nuestros cuerpos. Ellos son los vehículos que utilizamos para expresar nuestro ser. Los cinco sentidos de la vista, audición, gusto, tacto y olfato nos permiten experimentar nuestro mundo físico. Si no tuviéramos un cuerpo, no pudiéramos interactuar con los demás, ni con nuestro ambiente físico. Este es uno de los propósitos para lo que sirven nuestros cuerpos.

Hay experiencias y deseos dentro de nosotros que anhelan ser experimentados. Pienso que, si no tomamos consciencia y permitimos la expresión y expansión de esta energía inteligente a través de nuestros deseos, sentimos una presión intensa, que nos causa dolor interno y nos frustramos. Esta frustración tiene la posibilidad de llegar a ser destructiva. Puede transformarse en comportamientos y reacciones negativas.

En el campo de la psicología psicoanalítica, esta energía se llama "líbido". Cuando es inhibida, se llama "líbido reprimido". Cuando se dirige hacia los demás, se expresa como agresión y violencia. Cuando está completamente reprimida, hace que nuestros cuerpos físicos se estanquen y el proceso de descomposición comienza a establecerse. En general, si bloqueamos nuestra naturaleza creativa, el estancamiento nos causa sentirnos descontentos, nos podemos enfermar y finalmente, el cuerpo físico puede dejar de funcionar.

Nuestra creencia sobre el envejecimiento nos lleva a aceptar estos cambios corporales como algo natural; no como lo que realmente son, un síntoma de nuestro estado de ánimo. Mi opinión es que la represión de nuestra energía creativa aumenta significativamente el proceso de envejecimiento. Esto lo hace mediante la inhibición de los productos químicos, que nuestros cuerpos producen para mantenernos jóvenes. Aumenta las hormonas del estrés, que cuando se producen en exceso durante largos períodos, aumentan la inflamación del cuerpo y disminuyen el funcionamiento inmune. Por lo tanto, el envejecimiento es nada más que el comienzo del proceso de descomposición.

Cuando permitimos que nuestra energía circule a través de la expresión creativa y la actividad físicamente vigorizante, renovamos el flujo de oxígeno y la fuerza de vida de nuestras células y funciones corporales. Nuestros cuerpos responden con vigor y juventud. Aunque los años que pasamos en este planeta siguen acumulándose, nuestros cuerpos siguen renovándose a nivel celular. La investigación científica ha encontrado que las células se regeneran automáticamente. Cada uno de nosotros regeneramos nuestra propia piel cada siete días y cada célula de nuestro cuerpo se sustituye cada siete años. No sabemos cómo nuestros cuerpos se renuevan durante la vida; pero la investigación ha demostrado que lo hacen.

CLAVE 2
SOMOS CREADORES

Previamente, yo había leído que el poder de crear nuestra vida está dentro de nosotros. Aun así, la plena comprensión de esta verdad se me escapaba. Fue hasta que tuve este accidente casi mortal que obtuve claridad. Durante los momentos entre la vida y la muerte, se me hizo evidente que nuestro poder de crear es innato.

Seis meses antes de mi accidente, mi abuela, quien me cuidó hasta que yo tenía ocho años, falleció. Yo no estaba al tanto de la gravedad de su enfermedad. Su muerte me tomó completamente por sorpresa. Hice un viaje inesperado a México para asistir a su funeral. Al regresar, perdí el trabajo que recientemente había conseguido. Aparte de esto, estaba en la culminación de una lenta y dolorosa ruptura de una relación de largo plazo.

Era muy tarde y no podía dormir, así que decidí dar una vuelta. Afuera hacía frío con bastante viento. Se veían decoraciones de Navidad por todas partes. Los postes altos de la calle mostraban lazos rojos que se ondulaban en el viento frío, de otros colgaban guirnaldas hermosas. Conduje frente a casas amplias con ventanas grandes que mostraban árboles de Navidad. Esta parte de la ciudad siempre la docoraban durante las fiestas. Aunque había magia en el aire, sentía que me quería morir. Deseaba poder unirme a la alegría de las fiestas; pero la tristeza me estaba hundiendo y no sabía cómo escapar de ella. En cambio, tomé la carretera y pisé el acelerador.

En cuanto mi automóvil se estrelló contra el árbol, me acordé de los pensamientos poderosos que tuve en esa noche fría. Instintivamente supe que yo crie la tragedia del accidente. Lo hice a través de los pensamientos y sentimientos en los que me sumergí. En ese momento, vi claramente que todas las experiencias nacen de nuestra manera de pensar y de sentir. A través de nuestros pensamientos proyectamos las imágenes que se materializan en la expresión física. Con nuestros sentimientos magnetizamos esas imágenes y les damos el poder de juntar circunstancias y manifestarlas en forma material. Finalmente entendí lo que quiere decir la frase, "pide y se te dará". Lo pedimos con la combinación de nuestros pensamientos y sentimientos. Es así, como proyectamos nuestras experiencias.

En compatibilidad con estos conceptos, tenemos de ejemplo, un experimento llevado a cabo con éxito en la década del mil novecientos treinta. Por medio de este experimento tomaron fotos de los pensamientos. Los resultados demostraron, que las fotos salieron más claras cuando el pensador intensificó sus pensamientos con más emoción. Este experimento comprueba que nuestros pensamientos están cargados con energía de vibración magnética y que ésta se magnifica con nuestras emociones. Como nuestras emociones u ondas vibratorias están magnéticamente cargadas, somos magnéticos. Nuestros pensamientos causan emociones que nos atraen magnéticamente, hacia las personas, los objetos y las experiencias, que son compatibles con nuestro estado emocional. Si los pensamientos de otros no son similares a los nuestros, no podrán asociarse con nosotros. Es como tratar de mezclar aceite y agua, los cuales simplemente no se mezclan.

Nosotros somos los creadores de nuestra vida, y juntos creamos nuestra experiencia terrenal. Somos los creadores y lo creado. Ahora entiendo que la palabra, "Dios" representa el poder que tenemos de crear nuestra experiencia. Dios es energía consciente, creativa e inteligente. Es lo que nos da la vida, lo que vive en nosotros y a través de nosotros. Esta energía anhela ser expresada en nuestra manera única, a través de nuestros esfuerzos creativos e interacciones amorosas. Nuestra capacidad de usar este poder conscientemente está latente, debido a nuestra falta de reconocer su existencia. Nos portamos como limosneros pidiendo un pedazo de pan, cuando la capacidad y el derecho al banquete es nuestro.

No importa cuáles sean las circunstancias, se están llevando a cabo por medio de nuestra atención. Si pudiéramos creer que podemos tener y que merecemos las cosas buenas que deseamos, las tendríamos. Incluso, si lo que deseamos no está a la vista y cada pensamiento en la tierra tiene que cambiar para que se conceda. Si podemos aceptarlo y abrazarlo plenamente como si ya fuera nuestro, se manifestará. No es necesario entender de antemano cómo va a suceder. Todo lo que es necesario es creer.

Esa es la manera exacta en la que, sin saberlo, yo cause mi accidente. Vi las imágenes y sentí emociones muy poderosas que posteriormente fueron igualadas por mi experiencia. Aunque está claro que el conductor joven que intentó rebasarme causó el accidente; ahora entiendo que él simplemente sirvió para propulsar mi deseo imprudente y apasionado, hacia la manifestación. Quedó claro y evidente que no había nadie más responsable. No fue un accidente. No hay accidentes. Los definimos como eventos o circunstancias imprevistas y no planificadas; pero ahora veo que, "Todo realmente sucede por una razón".

Estoy muy agradecida por entender cuál es la razón. Este conocimiento me ha ayudado a evitar la creación de nuevas tragedias en mi vida. He logrado esto, quitando mi atención de los pensamientos o circunstancias que me hacen sufrir y centrándola en los pensamientos que me hacen sentir bien. Esto lo hago independientemente de la realidad actual que estoy viviendo. Es útil recordar que lo que estamos viviendo en la actualidad, es el resultado de nuestros pensamientos anteriores. Si queremos dejar de crear más de lo mismo que ya tenemos, debemos cambiar nuestros pensamientos. Nos podemos sentir igual de vivos y aún más vibrantes con buenos pensamientos, los mismos que nos traerán la experiencia de lo que realmente deseamos. Lo que no está alineado con nuestros buenos pensamientos solo comienza a desaparecer cuando le quitamos nuestra atención.

CLAVE 3
LA DIVINIDAD ES NUESTRA NATURALEZA

A través del apoyo que se expresó por medio de mi rescatador Will, por los paramédicos que me salvaron la vida, por el personal de enfermería en el hospital, por mi cirujano y por mi familia, me di cuenta de que nuestra naturaleza verdadera es divina. A pesar de que está escondida en algunos de nosotros más que en otros, todos tenemos el poder de expresar la divinidad y la gracia. Todos somos ángeles en disfraces físicos.

Durante esta experiencia trágica y vulnerable cuando podría haber llegado a mi fin, me encontré rodeada por ángeles. Llevaban los disfraces de mi equipo de rescate, de enfermería, de mi familia, de mis amigos y de toda persona maravillosa que sirvió a mis necesidades durante este viaje desde casi muerta, hacia la recuperación. A través de esta experiencia fui bendecida con una visión de la bondad y divinidad maravillosa que existe dentro de todos nosotros.

Sus expresiones de amor y apoyo me ayudaron a entender que todos somos parte de una fuerza divina que está dentro de nosotros. Aunque somos individuos, compartimos esta fuerza. Es una presencia real y benevolente que nos rodea y nos mantiene; y está siempre con nosotros. Incluso cuando somos ignorantes de ella porque es nuestra propia esencia, nuestro propio ser. Pienso que nuestra naturaleza verdadera es divina, pura y perfecta. Sólo tenemos que abrirnos a ella y permitir que se exprese a través de nosotros. Esto se puede lograr afinándonos con pensamientos que inspiran sentimientos de amor, alegría y gratitud. El tipo de pensamientos que tenemos nos hace vibrar a su frecuencia congruente. Los pensamientos que nos hacen sentir bien nos causan vibrar a una frecuencia más rápida y más parecida a la fuerza divina que es la fuente de nuestro ser. Los pensamientos que nos hacen sentir mal nos hacen vibrar a una frecuencia más lenta que es menos similar a esta fuerza.

Es por eso que nos sentimos tan bien cuando permitimos que la energía amorosa que existe dentro de nosotros se exprese y fluya hacia otros. Es porque estamos vibrando al ritmo o frecuencia que es más alta y más parecida a nuestra naturaleza divina. A través de las elecciones que hacemos podemos expresar nuestra divinidad. Por ejemplo, mi equipo de enfermería optó por salvar vidas y, por lo tanto, estuvieron allí cuando los necesité. Mi rescatador Will, decidió poner a un lado a su destino de madrugada para ayudarme, y así, ayudó a salvar mi vida. Sus pensamientos y selecciones se expresaron a través de sus acciones y sus acciones expresaron el amor y el deseo de servir. Creo que esto define la divinidad, pues ser divinos, es ser virtuosos y el deseo de ayudar a los demás es una cualidad virtuosa. En última instancia, todos estamos aquí para servirnos unos a los otros. Es el amor y la divinidad que intenta expresarse a través de nuestras acciones. Sólo tenemos que permitir que el servicio se provee y ser agradecidos por el servicio que recibimos. Al apoyarnos unos a los otros permitimos que nuestra bondad natural fluya. No sólo nos hace sentir bien, también nos sana y promueve una experiencia terrenal más humana y amorosa.

Hay ejemplos de la divinidad en todo lo que nos rodea. Basta con mirar a una niña o un niño que ha sido alimentado y nada le duele. Ellos irradian la dulzura inocente más pura y perfecta. La alegría que se les ve en los ojos es pura divinidad. Tenemos mucho que aprender de la alegría que expresan de manera sencilla y natural. No tenemos que hacer mucho para que la expresen. Un simple "cucú" hace que estallen con carcajadas auténticas. El sonido de sus murmullos nos causa mucha alegría. Están tan alegres de estar aquí en la tierra que siempre están listos para reir. La razón por la que expresan tanta alegría en cada oportunidad que tienen, es porque alegría es lo que son. Ellos son la alegría y el amor que se ha encarnado. Sin embargo, a través del condicionamiento, aprenden a desear cosas afuera de sí mismos y olvidan temporalmente que ya son todo lo que desean. Crecen y olvidan que vinieron aquí a expresar, a compartir y a disfrutar sus dones y talentos a través de estos disfraces llamados, "cuerpos".

Podemos encontrar la divinidad en otros mirando más allá de las máscaras que fabricamos con pensamientos depresivos, preocupantes y enojados. Estos tipos de pensamientos nublan nuestra imagen divina. Nos hacen fruncir la frente y cubrir la belleza y alegría que son nuestra naturaleza. Hay que mirar más allá de las máscaras al recordar que cada uno de nosotros es un ser divino. Estamos hechos de puro amor. Traemos máscaras porque temporalmente hemos olvidado nuestra naturaleza verdadera. Cuando miramos más allá de las máscaras y les sonreímos genuinamente a todos con los que tenemos contacto, encendemos una chispa de luz sobre ellos. Esta chispa tiene la posibilidad de ayudarles a recordar la alegría que es su naturaleza. Incluso, podrían bendecirnos con una sonrisa brillante.

Los psicólogos han descubierto lo que han denominado, "neuronas espejo". Las describen como la capacidad de reflejar en nosotros mismos, lo que otra persona está sintiendo. Estas neuronas son un tipo de células cerebrales que responden igualmente cuando realizamos una acción y cuando somos testigos de otra persona realizando la misma acción. Sobre la base de este descubrimiento podemos entender como una sonrisa puede ser contagiosa. Cuando sonreímos, otros nos reflejan y las personas con las que ellos tienen contacto, los reflejan a ellos. Como en un efecto dominó, podemos suponer que una sola sonrisa tiene el poder de extenderse por todo el mundo y hacer que todos se sonrían. Estas investigaciones también podrían explicar cómo obtuvimos nuestras máscaras. Si desde nuestra infancia vimos sufrir a los demás, naturalmente reflejamos su lenguaje corporal y aprendimos a sufrir. La dulzura inocente, pura y perfecta (nuestra naturaleza divina) con la que nacimos, se fue cubriendo día a día. El descubrimiento de las neuronas espejo podría ayudar a los padres a apoyar a sus hijos cuando se producen eventos tristes. Por ejemplo, la pérdida de un ser querido puede traer un gran dolor. Los niños pueden ser testigos del dolor de los demás, y reflejarlo. Durante esos momentos, podemos apoyar a nuestros hijos explicándoles que es natural que reflejen cómo ven a otras personas expresarse emocionalmente. Si se sienten perjudicados por algo que alguien les hizo, podemos ayudarlos a lidiar con el dolor explicándoles que todos estamos aquí para mejorar y facilitar nuestras experiencias terrenales. Esto lo hacemos asumiendo el carácter necesario para que todos tengan las experiencias deseadas. No pudiéramos disfrutar de las dramas de la vida, si estuviéramos completamente solos.

Cada momento nos trae una experiencia que nos permite aprender más sobre la vida y sobre nosotros mismos. Mientras estemos vivos tendremos experiencias que nos dirigirán a una mayor comprensión y el crecimiento personal. Así adquiriremos la capacidad de tomar decisiones que están más alineadas con lo que realmente deseamos. La variedad de experiencias nos sirve para conocer nuestros propios gustos y disgustos. La variedad es lo que nos da la capacidad de apreciar. No podríamos entender lo que es la alegría, si nunca hemos sentido la tristeza, porque no tendríamos la experiencia para hacer la comparación. Está bien que tengamos sentimientos tristes momentáneamente; pero podemos ayudar a nuestros niños a cambiar su punto de vista ayudándoles a recordar la alegría que es natural para ellos. Esto se puede lograr al recordar experiencias felices o señalándoles algunas de las cosas bellas que les rodean.

CLAVE 4
LA ACCIÓN DE PERDONAR NOS LIBERA

Ahora entiendo la razón principal por la que mi mamá y yo no podíamos llevarnos bien durante mi niñez. Fue porque cuando ella me trajo a los Estados Unidos a vivir con ella, yo ya estaba demasiado consumida por la culpa, el resentimiento y el enojo hacia ella. La culpaba por casi todo lo que salía mal en mi vida. Lo que inició la sanación de nuestra relación fue un cambio en los pensamientos que yo ponía mi atención.

Es muy fácil perder la noción de lo que vino primero, el pensamiento o la experiencia, y culpar a nuestra experiencia por nuestros pensamientos; pero esto es una manera segura de quedar atrapado en el ciclo de la autodestrucción. Si culpamos a la experiencia, no sólo evitamos la responsabilidad, también perdemos nuestro poder de cambiar nuestras circunstancias. En su lugar, creamos patrones de pensamientos destructivos que nos hacen sentir emociones desagradables. Estas emociones nos hacen reaccionar de formas que perpetúan las condiciones existentes.

La justicia no es nuestra responsabilidad personal. Démosle crédito a nuestro Universo inteligente al entender que la vida tiene su propia manera de tomar justicia. Todo lo que existe tiene inteligencia. No tenemos que dedicar nuestra energía personal al desear que otros se hagan responsables o incluso intentar cambiar los eventos asociados con ellos. No fue por casualidad que nos tocaron las familias, los amigos, los compañeros de trabajo y las circunstancias que forman parte de nuestras vidas. Nos sentimos atraídos magnéticamente hacia ellos porque eran los más probables de proporcionarnos las experiencias para que creciéramos en las áreas necesarias y continuáramos nuestra evolución.

Cuando culpamos a los demás nos encarcelamos nosotros mismos con pensamientos desagradables. Nos convertimos en rehenes porque nosotros somos los que experimentamos nuestros pensamientos desagradables. Ejercemos mucha energía cuando nos aferramos a pensamientos de lo que no podemos perdonar. Cuando perdonamos nos liberamos de nuestro propio puñal mental y emocional. Nos liberamos de la conexión que tenemos con los recuerdos dolorosos, con los pensamientos de posibilidades futuras, con las emociones, con el lamento y con las esperanzas relacionadas con una persona o evento.

Para tener la capacidad de perdonar, tenemos que entender cómo estamos contribuyendo a la creación de todo lo que sucede en nuestras vidas. Esto nos permitirá aceptar responsabilidad por nuestra parte de la experiencia. Aunque lo hagamos consciente o inconscientemente, somos los creadores de todo lo que sucede en nuestras vidas. Somos responsables por nuestros pensamientos y sentimientos, nuestras decisiones y nuestras acciones. Nuestra atención, nuestras intenciones y deseos crean un patrón energético de los objetos que mantienen nuestra atención. Cuando les damos suficiente atención, se establece el patrón y magnéticamente atrae a las entidades o circunstancias que comparten deseos o rasgos de vibración similar. Es así como, por "coincidencia" la gente se une a un propósito similar. También es así, como se crean las circunstancias que nos dan las cosas en las que concentramos nuestra atención. Es nuestra propia atención a estas circunstancias que las está manteniendo en su lugar. Nosotros somos los que las alimentamos con nuestro propio poder. Como si nuestra misma atención las mantuviera en animación suspendida, cuando les quitamos nuestra atención, las circunstancias se disuelven.

El conocimiento de esto puede ayudarnos a ser más compasivos con nosotros mismos y con los demás. Nos permitirá movernos más allá de la culpa el aceptar que hicimos lo mejor que pudimos con la información, la energía, los recursos y el conocimiento que teníamos disponible en ese momento. Si supiéramos y tuviéramos entonces lo que sabemos y tenemos ahora, probablemente hubiéramos hecho una elección diferente. La expresión "la retrospección es siempre 20/20" viene a mi mente, porque, por lo general, podemos mirar hacia el pasado y ver claramente lo que podríamos haber hecho diferente. Desafortunadamente, porque el pasado no se puede cambiar, es importante aprender de estas experiencias. Así cuando seamos enfrentados con una situación similar en el futuro, podremos hacer una elección diferente.

Este accidente trágico me ayudó a entender que el poder de cambiar está en el presente. Podemos detener el ciclo de creación negativa poniendo nuestra atención en lo que queremos y no en lo que no queremos. Así es como permitimos que las cosas buenas que queremos se expresen a través de nosotros. Me di cuenta de esto cuando dejé de concentrarme en los aspectos negativos de mi relación con mi madre y comencé a concentrarme en apreciar las cosas buenas que hizo por mí. En el momento que abrí mi mente a sus buenas cualidades, una nueva manera fue creada para que nos encontráramos a mitad de camino y comenzáramos el proceso de la curación. Fue evidente a través de nuestras reacciones inmediatas y perdón mutuo, que ella anhelaba la comprensión y la curación tanto como yo. Debido a que las dos deseábamos llevarnos bien, nuestras intenciones similares y vibraciones energéticas nos dieron la capacidad de manifestar una relación de madre-hija muy saludable y amorosa.

Cuando perdonamos, nos liberamos de nuestras dificultades. Nos elevamos más arriba de la dimensión donde ellas existen y nos liberamos de sus efectos. Fundamentalmente, nos salimos completamente fuera de la ecuación y crecemos a otro nivel de conciencia donde no pueden existir estas dificultades. El perdón existe en una dimensión de amor y siempre que exista la presencia del amor, nada menos que el amor puede penetrar. Simplemente, no puede existir en nuestra experiencia, si no coincide con el amor. Cuando perdonamos, lo bueno comienza a llover en nuestras vidas porque ha estado esperando ansiosamente que lo dejemos entrar. Era nuestra conexión con el pasado que lo había detenido de fluir. Los obstáculos que antes parecían muy reales comienzan a desmoronarse y desaparecen lentamente. Las soluciones aparecen de ninguna parte aparente y sabemos que es porque las estamos permitiendo. A través de la dimensión del perdón, la fe toma prioridad en nuestras vidas. Las cosas funcionan para nuestro bien y aun cuando no podemos ver más adelante, nos sentimos seguros de que el camino ya está preparado. No nos preocupamos porque sabemos que la preocupación crea más preocupaciones.

CLAVE 5

TENEMOS EL PODER DE SANAR

Al ver que la herida de mi pie se hacía más y más pequeña, al imaginar que el tejido sano se reproducía y adhería al tendón, me mostró que la curación está integrada en nuestros cuerpos. Nuestro trabajo es permitirla. Eso lo hacemos al liberarnos de pensamientos miedosos que son los que la bloquean. A través de la pronunciación con intensa alegría y gratitud: "Gracias por la curación de mi pie. Estoy muy agradecida de que mi pie ya está perfecto y entero. Gracias. Gracias. Te amo mi hermoso pie. Te amo. Te amo". Mi pie respondió a la energía amorosa que yo sentí. En lugar de sentirme enojada hacia él, lo cual hubiera bloqueado su capacidad natural de curarse, el amor que sentí hizo que respondiera con tejido nuevo y sano. Me llene de alegría y gratitud al ser testigo de la curación que obraba justo en frente de mis ojos. Como mis ejercicios de visualización empezaron a ganar impulso, ya no tenía que usar la técnica llamada, "sustitución" para sentir la alegría. Comenzó a ser activada al ver que se estaba encogiendo la herida y al ser testigo del proceso de curación consciente.

Esta experiencia sanadora me mostró que, en verdad, todo es posible. Tuve la oportunidad de trascender las limitaciones físicas que podrían haberme mantenido en una silla de ruedas o requerido que siempre fuera acompañada por un bastón. Que milagroso fue ser testigo de que el cuerpo humano está equipado con todo lo necesario para la curación y el bienestar. Todo lo que tenemos que hacer es creer en él, permitirlo y apoyarlo. Él sabe qué hacer. Somos testigos de que esto ocurre con los niños que tienden a golpearse diariamente. Una cortada se cura y desaparece en una semana o dos; pero rara vez nos ponemos a contemplar lo increíble que eso es.

Todos somos sanadores. La energía que corre a través de nuestros cuerpos es todopoderosa. Esta energía no sólo puede sanar a nuestro cuerpo, también puede curar a otros; siempre y cuando crean y estén dispuestos a recibir la curación. La fe, la fuerza y la energía de otros tienen el poder de darnos un empujón. Esto es similar a pasarle corriente a otro automóvil. Le transmite energía, la cual le ayuda a autogenerarse. Me di cuenta de esto cuando sentí la fuerza de los brazos de mi hermano, cuando me levanto del suelo y me sentó en la silla de ruedas. Entendí algo que nunca antes había explorado. Comprendí de pronto, la enorme cantidad de energía que tenemos y lo influyente e importante que somos los unos para los otros. Su presencia y fuerza me consolaron y me hicieron sentir que todo iba a estar bien. Lo mismo sucedió cuando mi cirujano me miró a los ojos. Su claridad me tranquilizó y me ayudó a creer en sus palabras.

CLAVE 6
EL PRESENTE ES LO ÚNICO QUE TENEMOS

Antes de tener esta experiencia increíble le tenía miedo a la vida y a lo desconocido. Las experiencias desagradables me perseguían constantemente. Al reproducirse en mi mente, me transportaban lejos del presente y causaban que reviviera el dolor del pasado. Durante los momentos de este accidente entendí cómo había sido una participante. Ese momento fue tan insoportable que requirió mi atención completa. Necesité toda mi energía para concentrarme en la respiración y permanecer viva. Me liberé de todo pensamiento sobre el pasado y el futuro; solo sentí lo que se siente al estar presente. Fue la primera vez en mi vida que experimenté estar verdaderamente consciente.

Al estar hospitalizada y al no tener ninguna obligación, me di cuenta de que el concepto que llamamos, "tiempo", no existe realmente. Es sólo un mecanismo artificial que mide y organiza la actividad o el movimiento. Subdividimos este movimiento entre segundos, minutos, horas, días, semanas, meses, años, décadas, siglos, milenios y más. Esta es la forma en que organizamos nuestras vidas. Le colocamos un sello de tiempo a todo, para poder sintonizarnos con el, con los demás y con nuestro mundo. Utilizamos este mecanismo para cumplir con nuestras metas y objetivos. Nos convertimos en esclavos y los amos son las alarmas y los relojes que programamos para que nos recuerden lo que tenemos que hacer.

Cuando la actividad cesa, también cesa nuestro concepto del tiempo. Es irrelevante cuando no hay actividad asociada con él; cuando no hay plazos que cumplir. No importa si son las ocho de la mañana si no tenemos que ir a trabajar. Las cinco de la tarde ya no son importantes si no hemos estado trabajando todo el día, anhelando la hora de salida para poder irnos a casa.

En el esquema general de la vida, no hay ayer, ni mañana. Hoy se convertirá en ayer y mañana se convertirá en hoy. Por lo tanto, siempre es hoy, y hoy, lo único que existe es nuestra conciencia, y la actividad. Las plantas crecen, los peces nadan, los animales cazan, los planetas giran y nosotros nos esforzamos para conocer y expresar nuestra propia grandeza. Somos el movimiento dentro de la quietud infinita del presente.

CAPÍTULO 9:
ACCIONES QUE PUEDES TOMAR

En general, este viaje inició mi reconocimiento de una fuerza natural, inteligente, poderosa, creativa y energética que penetra a todo en la vida. Inició mi comprensión sobre qué y quién es esta fuerza. Aprendí que esta fuerza inteligente es nuestra propia fuente de energía y es nuestra para disponer a nuestro gusto. Impregna toda nuestra vida y apoya nuestro punto de vista, no importa cuál sea.

Aunque usamos esta fuerza diariamente, muchos lo hacemos inconscientemente. Cuando no estamos conscientes de esta fuerza benevolente, sufrimos. Una gran parte de nuestro sufrimiento proviene de la forma en que aprendimos a utilizar esta fuerza durante nuestra niñez. Es posible que hayamos sido testigos de que las personas a nuestro alrededor inconscientemente ignoraban, bloqueaban o mal usaban esta fuerza; por lo tanto, reflejamos sus emociones y comportamientos.

Cualquier actividad que se practica a menudo, crea un hábito. El tipo de pensamientos que pensamos se establece profundamente dentro de nosotros y se convierte en un patrón habitual. Nuestras emociones, las cuales son reacciones a nuestros pensamientos, también se convierten en hábitos. Nuestros sentimientos o asociaciones mentales a las emociones que tenemos, también se convierten en hábitos. En general, este patrón de hábitos se convierte en la base operativa de nuestra experiencia en la vida.

El hábito hace que nuestros pensamientos aparezcan automáticamente. Los pensamientos luego provocan una cadena de reacciones electromagnéticas e instantáneas, que causan que las cosas sucedan o no sucedan. Esto puede ser una bendición o una maldición. Si nuestro hábito de pensar se basa en pensamientos que causan emociones agradables, el bienestar será nuestra base. Si permitimos que nuestra mente se consuma con pensamientos que nos hacen miserables, es probable que continuemos creando condiciones similares. Cuando nos concentramos en los problemas, les damos nuestra atención y energía creativa; lo cual los hace más dominante en nuestras vidas y magnéticamente atraemos más.

Hasta que aprendamos a reconocer y a utilizar esta fuerza innata constructivamente, seguiremos sintiendo el vacío del hambre interna. Seguiremos creyendo que el bienestar y la satisfacción se encontraran en un futuro lejano, cuando nuestras condiciones sean perfectas y no tengamos más que temer. Continuaremos creyendo en la fantasía que "un día" todo será mágicamente perfecto y tendremos todos nuestros deseos cumplidos. Yo le llamo una fantasía porque la palabra, "fantasía", contiene dentro de su definición el concepto de que lo que estamos imaginando es imposible o improbable. La razón que lo hace improbable es que no creemos que es nuestra verdad presente. Si realmente lo creyéramos en el presente, nos sentiríamos satisfechos y dejaría de ser una fantasía. Sería nuestra realidad.

El miedo es inherente en una fantasía. Es la dinámica que nos inmoviliza y nos impide tomar acciones constructivas para hacer que nuestros deseos se hagan realidad. Tenemos miedo de las fuerzas imaginarias que trabajan en contra de nosotros. Percibimos estas fuerzas como reales y a través de nuestra creencia en ellas nos inmovilizamos. Prácticamente somos influenciados por nuestra propia imaginación.

La naturaleza destinó que el temor sea constructivo. Los mecanismos biológicos y químicos que gobiernan nuestras reacciones de emergencia tienen su origen en los tiempos remotos. Estas reacciones ayudaban a nuestros antepasados a protegerse de los depredadores y a sobrevivir. Sin ellos, habrían sido vulnerables a la destrucción. En los tiempos modernos, las cosas que nos hacen temerosos son benignos por comparación. Aun así, la respuesta del cuerpo humano es exactamente la misma; ya sea la amenaza real o imaginada. Los niveles altos de cortisol que se requieren durante momentos intensos pueden causar estragos en nuestros cuerpos. Con el tiempo pueden contribuir a un sistema inmune debilitado y causar una serie de trastornos metabólicos, incluyendo la depresión.

Cuando averiguamos las consecuencias negativas del sufrimiento, podemos ver fácilmente los beneficios de elegir la actualización. En última instancia, la actualización es nuestra meta; sin embargo, se nos escapa fervientemente. Recuerdo las escrituras que nos comparan con el ciervo almizclero. Él salta a su muerte desde las cimas de las montañas, al buscar la esencia que no se da cuenta que viene de su propio pecho. Como el ciervo, buscamos la actualización por todas partes excepto en donde se encuentra, dentro de nuestro propio ser. Parece incapturable porque no es algo que se alcanza o se crea. Siempre está ahí, esperando nuestro reconocimiento, goce y expresión.

Hay acciones que podemos tomar para liberarnos del sufrimiento y acceder a nuestra actualización. Con la práctica diaria, estas acciones obtendrán los resultados que anhelamos. Por ahora, seamos consolados al saber que el sentimiento de satisfacción que deseamos ya es nuestro. Es nuestra verdadera esencia. No tenemos que buscarlo o sentir ansias. Todo lo que tenemos que hacer es reconocerlo y sentirlo. Es lo que ya somos y de lo que estamos hechos. Es por eso que nos sentimos tan conectados y completos cuando tenemos una vislumbrada de él. Sin embargo, esto por lo general sólo ocurre cuando un poco se escapa de donde está profundamente oculto, bajo todos los pensamientos y sentimientos de temor que lo bloquean.

El primer paso para sentirnos actualizados es reconocer que ya lo somos y tomar el tiempo para sentirnos unidos con el sentimiento de la actualización. Cuando lo hagamos nos daremos cuenta de que somos esa fuerza elusiva, inteligente y creativa que también es el poder creativo del universo. Cuando se reconoce esta fuerza, se multiplica nuestra capacidad de realizar nuestras metas y manifestar nuestros deseos. Nuestra visión se aclara y comenzamos a ver nuestro propósito. Somos seres creativos y tenemos el poder de cambiar nuestras experiencias. Podemos lograr esto haciendo un inventario de nuestros pensamientos; decidiendo y manteniendo lo que es bueno; perdonando y descartando lo que no lo es. Cuando nuestros pensamientos están en orden, somos capaces de crear conscientemente lo que queremos. Como nuestra experiencia es un reflejo de nuestro estado de ánimo, podemos vivir en el presente y ser actualizados.

Las siguientes acciones se te sugieren con la esperanza de introducirte a tu viaje a través del autodescubrimiento, la actualización y la vida consciente. Cada acción está dividida en pasos sencillos y fáciles de seguir.

ACCIÓN 1
TOMA TIEMPO PARA SER

Es posible que no creas que tengas que tomar tiempo para ser, porque estás en el estado de ser todo el tiempo. Sin embargo, es importante tomar tiempo para obtener el conocimiento de tu ser. Es importante tomar consciencia y sentir lo bien que uno se siente al reconocer su propia presencia. A través del reconocimiento de tu ser, tendrás una sensación de plenitud y todo fluirá más suave. Si lo haces en la noche, justo antes de irte a dormir, no sólo vas a dormir mejor, sino también estarás mejor equipado para empezar tu día en la mañana. Esto es porque la acción de reconocerte a ti mismo(a), satisface la sed interna y la sustituye con el poder y la confianza para manejar cualquier cosa que se te presenta.

Paso 1:   *Siéntate*

Siéntate en un lugar tranquilo, lejos de otras personas. Apaga el teléfono y todos los dispositivos electrónicos que podrían interrumpirte. Ten una libreta y pluma lista para que puedas escribir las ideas que tendrás. Durante este tiempo de silencio, las soluciones que has estado buscando probablemente aparecerán debido a que finalmente te has calmado lo suficiente para escucharlas. Escucharás que tu voz interior te guía. Si escuchas con confianza y haces lo que te dice, encontrarás que todo en tu vida comienza a fluir fácilmente. Ahora, siente la comodidad y apártate de todas las distracciones. Toma este momento para ti mismo(a), para estar quieto(a) y consciente.

Paso 2:   *Respira*

Cierra los ojos y respira profundamente. Exhala lentamente. Permite que tus músculos se relajen. Ahora respira mientras cuentas del uno al diez y saborea el aire que fluye por tus pulmones. Al llegar a diez, mantén la respiración y cuenta de uno a diez de nuevo. Siente el calor que empieza a extenderse a través de tus venas al permitir que el oxígeno circule a través de tu cuerpo. Ahora, exhala mientras cuentas del uno al diez. Si contar hasta diez es demasiado largo, puedes contar hasta cinco o cualquier otro número que sea cómodo para ti.

Este ejercicio de respiración de tres partes se considera un ciclo. Practica algunos ciclos hasta que experimentes una sensación de calma y paz. Después respira naturalmente.

Un Ciclo de Respiracion:

- Inhala mientras cuentas del uno al diez (o cinco)
- Mantén la respiración mientras cuentas del uno al diez (o cinco)
- Exhala mientras cuentas del uno al diez (o cinco)

Paso 3:   *Recuerda*

Con los ojos todavía cerrados, encuentra ese lugar en tu interior donde todo está pacífico y tranquilo. Si esto es un reto debido a pensamientos o circunstancias actuales, comienza por recordar una experiencia que te brindó un sentimiento profundo de amor y alegría. Elije un recuerdo muy feliz, un momento cuando sentiste la vibración de gozo profundo en tu corazón. Puede ser un recuerdo muy lejano; pero no importa qué tan lejos esté en el pasado, recuérdalo ahora.

Paso 4: *Siente*

Recuerda los detalles de la experiencia gozosa y permite que la sensación se penetre por todo tu ser. Siéntelo. Deja que se extienda a través de tu cuerpo. Pon atención en tu plexo solar al recordar la sensación. Siente cómo se contrae suavemente cuando recuerdas la sensación alegre. Respírala y disfrútela. No la juzgues. Deja que te haga sentir bien, por ninguna otra razón más que porque es lo que te está ayudando a sentirte bien en este momento. Inhala la bondad de la memoria y la sensación que satura tu ser. Toma este momento para sentir lo que se siente ser. Se siente bien permitir la sensación relajante de la bondad y la integridad. Respira profundamente y saborea la sensación del movimiento de aire fresco en lo largo de tu cuerpo. Date cuenta de que tu cuerpo es tu herramienta para interpretar y comunicarte con el mundo.

Paso 5: *Reconoce Tu Ser*

Observa que el sentimiento de alegría ya no está conectado a la memoria. Esta vibrando en tu plexo solar en este momento. ¿Puedes sentirlo? Deja que vibre a través de tu plexo solar. Saboréalo. Este buen sentimiento es lo que realmente eres. Este es el sentimiento que ha estado en espera, deseando ser sentido y expresado. Desde el día en que naciste, este sentimiento te ha acompañado. Es lo que burbujeaba con alegría cuando tu madre y tu padre te abrazaban. Es lo que estaba esperando cualquier excusa para reír con alegría. Cualquier cosa con tal de chisparla hacia la expresión. Aunque las pruebas de la vida pueden haber nublado tu memoria, este sentimiento de bondad maravilloso, es lo que realmente eres.

Paso 6:   *Siente Gratitud*

Siente gratitud por esta oportunidad que tienes para reconocer y ser tú mismo. Al sentirnos agradecidos nos sintonizamos con el flujo de la bondad en nuestras vidas. Cuando expresamos la gratitud, reconocemos la grandeza del poder que nos sostiene, provee para nosotros y somos nosotros. Por medio de esto, reconocemos la presencia del bien en nuestras vidas y cuando reconocemos el bien, lo desatamos y le damos rienda suelta.

ACCIÓN 2
PREPARA UN INVENTARIO

Si no te sientes bien ahora o te encuentras incapaz de llegar a un estado de calma, toma un inventario. Mira a tu vida y evalúa todo; relaciones con los demás, las condiciones en las que vives, tu empleo, tus metas, tus sueños, tus deseos y todo lo que es de gran importancia para ti.

El primer paso para operar nuestras vidas conscientemente es evaluar nuestros pensamientos. La evaluación nos permite identificar los pensamientos que nos están haciendo sentir mal y los que nos están haciendo sentir bien. Una vez que los identifiquemos, tendremos la capacidad de organizarlos y ponerlos en su perspectiva adecuada. Esto nos dará la tranquilidad necesaria para disfrutar el presente.

Repite los pasos 1 y 2 de la Acción 1, y continúa a través de los nuevos pasos que se describen.

Paso 1: **Siéntate** (*Acción 1* contiene los detalles)

Paso 2: **Respira** (*Acción 1* contiene los detalles)

Paso 3: **Observa**

Pon atención a tus pensamientos. Permite que fluyan libremente. Ve como parpadean a través de tu mente. Permite que fluyan como quieran y no los juzgues. Al observarlos, concéntrate en tu plexo solar y área del corazón. Observa cómo te sientes cuando tienes un pensamiento. Continúa prestando atención a todos los pensamientos que fluyen a través de tu mente. Observa cómo tus sentimientos cambian cuando cambian tus pensamientos. Estos sentimientos son indicadores de tus preferencias.

Paso 4:   *Haz Lista y Guarda*

Anota cada pensamiento que tienes y dibuja dos columnas debajo de él. En una columna, describe lo que es agradable del pensamiento y en la otra columna, describe lo que no lo es. Haz esto con el mayor detalle posible. Esta será tu guía para decidir cuales pensamientos están alineados con tu sensación de bienestar y cuales no lo están.

Ahora lee tu lista de pensamientos y todo lo que escribiste en las columnas. Al leer, dibuja un círculo alrededor de los pensamientos que inspiran buenos sentimientos. Retén estos pensamientos. Cada vez que aparezcan en tu mente, deja que fluyan libremente. Aprécialos y permite los buenos sentimientos que inspiran. Vamos a examinar a los que se sienten desagradables en la siguiente acción.

ACCIÓN 3
PERDONA

Perdonar es la mayor acción de amor propio que podemos realizar. Esto es porque cuando perdonamos, dejamos de resistir a nuestro propio bienestar. Cuando tenemos pensamientos y sentimientos resentidos acerca de nosotros mismos o alguien más, bloqueamos nuestro propio bienestar. Nosotros, como los pensadores, experimentamos sus efectos. Nos sentimos mal y con sentirnos mal, creamos lo que se llama resistencia. Esta resistencia nos impide recibir las cosas buenas que deseamos.

Para ayudarte a entender el concepto de la resistencia, imagina que es un día soleado y que estás sentado(a) al lado de un lago, respirando fácil y libremente. Esta respiración rítmica representa los buenos sentimientos que forman nuestra naturaleza. Ahora, imagina que te lanzas hacia el lago y con esfuerzo, mantienes la cabeza bajo del agua. A pesar de que el impulso innato de respirar remolca y arranca dentro de tu pecho, resistes y continúas sosteniendo la cabeza forzosamente dentro del agua. De manera similar, cuando nos concentramos en pensamientos que nos hacen sentir mal, nos resistimos a los buenos sentimientos que forman parte de nuestra naturaleza.

Cuando perdonamos, nos sentimos más ligeros; porque nos hemos liberado del peso de nuestra resistencia. Nuestra perspectiva cambia y vemos con más claridad, dirección y propósito. Con la práctica continua, nuestra vida se vuelve pacifica y libre de sufrimiento. Este nuevo estado de bienestar simultáneamente pone a nuestra vida en orden. Todas las cosas buenas que hemos deseado comienzan a fluir en nuestra vida; porque ya no las estamos resistiendo.

En esta sección, describiré el proceso de perdonar al aplicar unos pasos sencillos. Cada vez que te sientas perturbado(a) por pensamientos desagradables, repíte estos pasos. Si practicas la liberación de los pensamientos negativos constantemente, llegará el momento en que ya no sentirás la necesidad de sentirte resentido. Entenderás que el pensar en cosas desagradables va en contra de tu propio bienestar.

Comienza por repetir los pasos 1 y 2 y continúa a través de los nuevos pasos que se describen.

Paso 1:   *Siéntate* (*Acción 1* contiene los detalles)

Paso 2:   *Respira* (*Acción 1* contiene los detalles)

Paso 3:   *Analiza*

Mira la lista que preparaste en el Paso 4 de la Acción 2 y revisa los pensamientos que te causaron sentimientos desagradables. Lee el primer pensamiento y permite que los sentimientos correspondientes fluyan. Si inspiran resentimiento hacia ti mismo o hacia algo que alguien dijo o hizo, preparémonos para liberarlo.

Para hacer esto con éxito es importante analizar de donde vino el resentimiento. Es posible que cuando escuchaste palabras o fuiste testigo de acciones que se ejecutaron por alguien que carecía de la capacidad de comunicarse constructivamente, tuviste una reacción emocionalmente desagradable. Esta reacción fue tu manera de saber que lo que estabas experimentando no estaba en sintonía con tu bienestar. Si te enojaste después de la reacción emocional, por defecto, elegiste sentirte resentido. Con el tiempo, la incapacidad de soltar este enojo te aprisionó en tu propio resentimiento, confusión, obsesiones y deseos enfermizos.

Paso 4:   *Acepta*

Ahora que tienes una mejor comprensión acerca de donde pudo haber venido el resentimiento, estás en posición de liberarlo. Sin embargo, primero es mejor aceptarlo. Puede ayudarte a aceptar que las personas que usan las palabras ofensivas y actúan de manera dolosa, lo hacen porque ellos mismos están lastimados. Ellos no saben cómo lidiar con su propio dolor y sufrimiento. Otra cosa que puede ayudarte es recordar que las palabras y acciones son simplemente medios de comunicación; no están integrados con los sentimientos correspondientes, aunque tendemos a asociar sentimientos con ellos.

Mira a tu estado de ser y acepta que aquí es donde estás ahora. Todo lo que ha sucedido en tu vida te ha traído a este momento. Date permiso de serlo, acéptalo, ámalo, o no, pero a pesar de todo, amate a ti mismo. Hiciste tu mejor esfuerzo, aunque existe la posibilidad de que hayas sido capaz de hacerlo mejor. Ten consciencia de que eres todo lo que hay y todo lo que hay lo eres tú.

Si puedes aceptar tu resentimiento, puedes liberarlo y perdonar. Hasta podrías sentir compasión por la persona que te ofendió al tomar en cuenta que el mismo hecho de que mal usan sus palabras y su poder de actuar, te dice que carecen de la habilidad de comunicarse efectivamente. Ellos han demostrado que no tienen otro medio de comunicación. Podemos tomar en cuenta el ejemplo que nos dejó uno de nuestros maestros mayores: "Perdónalos Padre, porque no saben lo que hacen."

Paso 5:   *Libera*

Ahora que has aceptado tu resentimiento, pregunta si es algo que quieres desconectar de tu vida. Si tu respuesta es un sí verdadero, permite los sentimientos de resentimiento y reconoce que estas eligiendo liberarte de ellos conscientemente. Lee la siguiente declaración en voz alta:

"Yo me acepto tal como soy. Todo lo que he vivido me ha hecho quien soy ahora. Siempre he hecho todo lo posible, incluso cuando pude haber sido capaz de hacerlo mejor. Me perdono por no esforzarme más cuando podría haberlo hecho. Hice lo mejor que pude bajo las circunstancias.

La vida se forma con las experiencias. Cada experiencia aporta algo nuevo para mejorar a la siguiente. Cada una aporta nuevas ideas y sentimientos que me dan conocimiento de lo que soy y lo que prefiero. Estoy agradecido(a) por mis experiencias porque ellas me han ayudado a aprender acerca de mis propios deseos y preferencias. Sé más sobre mí mismo(a) ahora, que antes de ellas. Lo que ya sucedió no se puede cambiar, pero tengo todo el poder de cambiar las experiencias que todavía estoy por tener. Sabiendo todo esto, libero mi resistencia a mi bondad natural por medio de la liberación de este pensamiento resentido.

Ya no permito que tengas prioridad sobre mi vida. YO TE LIBERO y ME LIBERO YO MISMO(A). Soy LIBRE y estoy agradecido(a) por esta VERDAD. Estoy bien y completo(a). Soy LIBRE. Gracias. Gracias. Estoy agradecido(a) por mi LIBERTAD. Abrazo mi LIBERTAD AHORA y camino completamente LIBRE".

ACCIÓN 4

CREA CONSCIENTEMENTE

La creación de lo que realmente deseamos experimentar puede ser un reto, ya que consiste en examinar a nuestras preferencias. Estamos tan acostumbrados a hacer lo que se espera de nosotros que rara vez exploramos nuestros propios deseos. La pregunta más importante es: "¿Qué es lo que realmente deseamos experimentar?". Para responder a esta pregunta, debemos dirigir nuestra atención de lo que pensamos que otros quieren para nosotros, hacia lo que queremos para nosotros mismos. Para aprovechar nuestra naturaleza creativa debemos imaginarnos teniendo, o viviendo experiencias que creemos que disfrutaremos. Al imaginarte teniendo estas experiencias, presta atención a cómo te sientes. Nuestros sentimientos son indicadores que nos permiten saber. Básicamente, si nos sentimos bien, es la dirección que debemos tomar. Si nos sentimos mal, no lo es.

Paso 1:   *Escribe*

Escribe una descripción de la solución, resultado o la creación que te gustaría tener. Se muy específico(a) con detalles muy presentes. No te preocupes por cómo se va a crear, simplemente averigua lo que quieres. Esto a veces puede ser el paso más difícil porque requiere mucha introspección y honestidad. Al hacer esto, momentáneamente suspende toda duda y miedo y asume que puedes tener lo que quieres, porque esta es la verdad. Olvídate de los problemas porque al centrarte en ellos, creas más. Vamos a centrarnos sólo en las soluciones porque son lo que deseamos crear. No podemos manifestar las soluciones si nos concentramos en los problemas.

Paso 2:   *Imagina y Siente*

Imagina que ya estás viviendo la experiencia, solución, resultado o la creación que has escrito. Ve todos los aspectos de cada detalle como si estuviera sucediendo ahora mismo. Toma tiempo para verlo realmente en tu mente, como si estuviera justo en frente de ti. Ve el color, el tamaño, la marca, el medio ambiente, el clima y todos los aspectos que sean aplicables en tu situación específica.

Nuestras emociones tienen la potencia electromagnética para manifestar los resultados que deseamos. Cómo nos sentimos por lo general viene del tipo de pensamientos que tenemos. Como la idea de lo que queremos crear es buena, hay que sentirnos bien. Nuestros sentimientos salen de nosotros en forma de ondas electromagnéticas. Estas ondas tienen una frecuencia vibratoria que corresponde a los sentimientos que tenemos. Sea cual sea su frecuencia, automáticamente atraerá a su frecuencia idéntica. Al encontrarse con su frecuencia idéntica, causa que las cosas en las que estamos pensando se hagan realidad.

A través de los sentimientos de amor y alegría, nos magnetizamos hacia las cosas buenas y las experiencias que deseamos. Al imaginar el resultado que deseamos hay que agregarle sentimientos de celebración, como si estuviéramos celebrando que ya está hecho. Esta es la forma en que "creemos", y por creer repetidamente, aparece el resultado deseado. La palabra clave aquí es "creer". Debemos creer que nuestros deseos son posibles para que se puedan manifestar, porque nosotros somos los creadores. No podemos crear algo en lo que no creemos.

Acepta las buenas sensaciones que estas imágenes provocan. Llénate de amor y alegría. Este tipo de sentimientos son los que has experimentado en tus momentos más felices.

Paso 3:   *Sustituye*

Si te causa dificultad sentir el amor y la alegría que la experiencia imaginada traerá, intenta la técnica que mencioné anteriormente, llamada "sustitución". Al transferir los sentimientos de una experiencia recordada, fortalecerás tu fe y sentido de realidad por la experiencia actual. En otras palabras, recuerda un momento en que tuviste sentimientos muy satisfactorios. Ahora, pretende que el resultado deseado que te estás imaginando ya ocurrió y te está causando los mismos sentimientos satisfactorios. Si analizas la palabra "pretender" como "pre - tender" se puede definir como, "atender antes de que suceda," y a través de "pre - tender," sucede. Por lo tanto, pretende que tienes lo que quieres y que te sientes increíblemente satisfecho(a) con ello. Permite la sensación de satisfacción.

Paso 4:   *Agradece*

Verbaliza en tu mente o en voz alta la siguiente declaración o algo similar:

"Gracias. Gracias. Gracias. Estoy muy feliz y agradecido(a) ahora que _____(describe el objetivo o resultado deseado)___". Por ejemplo, *"... ahora que tengo mi título universitario en administración de empresas".* Finaliza al repetir y sentir la esencia de las palabras: *"Gracias. Gracias. Gracias".*

Al pronunciar estas palabras, magnetízalas con los sentimientos en tu plexo solar. Siéntete verdaderamente agradecido(a) de que tu deseo se ha cumplido. Está hecho. Llénate de alegría, satisfacción y gratitud. Después de este ejercicio, relájate y ten consciencia de que ya hiciste tu trabajo. Tus acciones serán impulsadas por el trabajo que has hecho internamente. Has esto por lo menos en la mañana y en la noche antes de dormirte. Entre más frecuente lo hagas, más rápido empezarás a creer y a tomar las acciones necesarias para tener tu experiencia. Cuando lo creas realmente, lo verás ocurriendo, y tu fe será fortalecida. Ahí es cuando mayores cosas vendrán a tu experiencia.

ACCIÓN 5
VIVE EN EL PRESENTE

Muchos nos consumimos con nuestros pensamientos en lugar de prestar atención a lo que está ocurriendo en el presente. Al hacer esto, perdemos la experiencia de los acontecimientos y las cosas que están formando nuestra experiencia actual. Lo que tiende a hacernos infelices son nuestros propios pensamientos acerca de algo que ya sucedió o que tememos que va a suceder en el futuro. Si siempre estamos concentrados en nuestros pensamientos, no experimentamos lo que está sucediendo en el presente.

Paso 1:　　*Mantente al Tanto*

Al transcurrir el día, mantente al tanto de lo que está sucediendo a tu alrededor. Saca de tu mente cualquier pensamiento o imagen que te transporta a otro tiempo y lugar. Mantente al tanto de dónde te encuentras física y mentalmente y quédate mentalmente donde te encuentras físicamente. Coloca tu atención sólo en lo que está justo en frente de ti. Por ejemplo: ¿Estás al lado de un río, un lago o adentro de una habitación? ¿Si se trata de agua, como se ve el agua? ¿Está limpia o sucia? ¿Puedes oír el agua? ¿Esta quieta? ¿Se puede ver un reflejo? ¿Si estás adentro de una habitación, por qué estás ahí? ¿Estás de pie en una línea esperando algo? ¿Hay otras personas formando línea contigo? ¿Si es así, qué están haciendo? ¿Alguien te está hablando? ¿Qué te está diciendo?

89

Paso 2:   *Redirige*

Si tus pensamientos te transportan a otro lugar y tiempo, tan pronto como te des cuenta de que esto ha sucedido, dirige tu atención de nuevo al presente. Esto se puede hacer al notar los datos de tu ambiente, como se describió en el paso anterior. Recuerda, el presente es la única realidad.

Paso 3:   *Observa y Aprecia*

Observa los detalles sin juzgarlos. Sé un observador silencioso. Observa la belleza que existe a tu alrededor. La expresión de la belleza es natural para la vida. Cuando prestas atención a ello, te darás cuenta de que hay belleza para ser apreciada en todo el mundo y en cuanto más la aprecies, más la percibirás. Mira lo hermosas que son las montañas, los ríos, los árboles y las flores de la naturaleza. Mira hacia arriba, al cielo y a la luna hermosa. Todo lo que existe tiene belleza, inteligencia y vida. Mira a todo y a todos como una expresión única de la vida; bebe de la bondad, como una esponja absorbe el líquido.

CAPÍTULO 10:
EXPRESIÓN POÉTICA

Al intentar describir el carácter alusivo de los conceptos que aprendí por medio de este trayecto, te dejo con los siguientes poemas. Ellos son un intento de captar los sentimientos de la fe, la claridad, y la plenitud que ahora forman parte de mi día. Estoy muy agradecida por esta oportunidad de compartir mis experiencias contigo. Espero que te sirvan como un catalizador para tu salud continua, bienestar consciente, y expresión de tus sueños y deseos.

"Cuando Nace La Fe"

Es como una pared gruesa de niebla

Cuando la mente tiene mucha tiniebla

Nos jala hacia ella su calidad atrayente

Su poder es difícil de definir claramente

Nos causa nervios al agarrarnos muy fuerte

Es como un monstruo invisible en el ambiente

Sentimos la fuerza de nuestra frustración

Es un gran desafío encontrar su ubicación

Al fin rechazamos el ceño fruncido con prisa
Giramos y damos la vuelta hacia la sonrisa
La pared de niebla comienza a aclararse
Y el problema empieza a desaparecer
Podemos ahora detener nuestras lágrimas
Liberar al fin el sentimiento de lástima
Nos permitimos entrar a ese momento
En el que vivimos nuestros sueños sedientos

Al fin todo lo que solo fue un pensamiento
A nuestra experiencia ha venido corriendo
Ahora está claro todo lo pasado
No hay más miedo, todo es lógico y sensible
Ahora que al fin podemos ver lo invisible
La pared de niebla que parecía tan real
Era solo una ilusión
Creó mucha confusión
Lo que es, lo que será o no será
Ahora sé que es sólo una reflexión
Que de mis pensamientos vendrá

"Libertad de Pensar"

Cuando suspendemos nuestra interacción humana

Todo lo que nos queda son nuestras mañas

La mente no es nuestra última maestra

Al permitirla funcionar salvajemente nos secuestra

Nosotros elegimos los pensamientos que entretenemos

De cualquier pensamiento podemos abstenernos

Tenemos elección eterna de pensamientos

Podemos pensar feliz o enojados hasta perdernos

La libertad de elegir es toda nuestra

Los pensamientos se convierten en experiencia

Al ser testigos de las interacciones

Los pensamientos revelan nuestras reacciones

No somos sujetos a ninguna fuerza externa

Podemos elegir pensamientos con fuerza interna

"Lágrimas de Alegría"

Gotean por mi cara mientras una por una cae
Al sentir la sensación gozosa que me trae
Ese sentimiento en mi corazón que me hace brillar
Aquel que me da la razón de que no hay separación
Me hace saber que Dios y yo somos Uno
Me hace saber que este es el momento oportuno
Algunos podrían ser cegados al no poder ver
Que todos para ser alegres tenemos el poder
Pero según el tiempo pase todos verán
Lo que sólo el amor y alegría nos darán

A través del tiempo he reconocido
Que mi fe puesta a prueba ha sido
Ahora sé que puedo poner mis temores a descansar
Ahora sé que mis problemas no me pueden derrotar
Durante mucho tiempo he buscado y buscado
A esa alegría que sólo su presencia me trae
Yo solía pensar que ese día llegaría
En el cual todo claro y hecho estaría
Pero ahora sé que hoy es ese día
Ese día cuando la alegría es toda mía

A lo largo del camino mi visión se nubló
Yo confundida pensaba que muy lejos estaba
Pero ahora sé que mi alegría no se ha desviado
Porque dentro de mí durmiente ha estado
El expresar ese amor que se ha revelado
Es saber que sin Dios nunca he luchado
Al ver que mi fuerza se ha puesto a prueba
Es saber que mi ser, es la belleza que Dios refleja
¿Cómo puede ser que cuando menos esperamos?
Nuestros sueños en frente tendremos

De mis ojos caen esas lágrimas de alegría
Que sólo con la presencia divina tendría
Su presencia me lleva a un lugar en el tiempo
Cuando todo está claro, todo es paz, no hay temor
Lo que se expresa con mis lágrimas, es solo el amor
Me permite saber que su presencia está aquí
Al fin puedo ver el reflejo de su alma, en mi
Ahora es el momento que puedo oír su llamada
Aunque se me dificulte explicar con palabras
A donde su divina presencia, me traslada

"Destino Divino"

Cuando viajamos hacia nuestro destino divino
Con los que facilitan nuestro viaje nos unimos
En este mundo que parece lleno de sufrimiento
Están para ayudarnos en los difíciles momentos
Están ahí cuando menos lo esperamos
Expresan su amor para el miedo quitarnos
Justo cuando nos sentimos un poco derrotados
Ellos están ahí para nuestro camino aluzarnos

Hubo un momento en el cual yo no sabía
Que otros para ayudarme allí estarían
Si no lo hubiera hecho nunca lo hubiera sabido
Que si me estiro con fuerza hacia mi destino divino
El apoyo de otros para llegar hasta aquí yo recibo
Otros estarían allí para prestar su fuerza y su fe
Para que yo con mi gran esfuerzo hiciera el viaje

Desde el momento en que entré por las puertas
Me recibieron con brazos grandes y abiertos
Mi viaje me había llevado casi toda la noche
Pero yo sabía que me recibirían sin reproche
Tuve la fe para creer

La fe me dio el valor para poder

En la calle con los que vagan me encontré
Me miraban con ojos llenos de admiración
No sabían que aunque parezco tener perfección
Realmente nada más he viajado una fracción
Entre ellos podría parecer como reina en un trono
Pero para aquellos que mucho más han logrado
Nada más la salida de esta pobreza ando buscando
Pero no es el dinero que me lleva tan lejos
Es realmente mi deseo de alcanzar el suceso
Es el amor con su esencia pura, que vida me da
Es el amor que a los demás quiero mostrar

A través del ejemplo que otros me han puesto
Nunca olvidar, con mi alma me comprometo
Mientras yo viva, a aquellos que necesitan yo serviré
Para agradecer a los que me ayudaron, esto lo haré
Cuando estoy cansada y tengo muchísima sed
Alguien me da un vaso de agua para beber
Cuando mis pies están muy adoloridos
Alguien está ahí para quitarles lo adormecido
Cuando mi cabeza está cansada por el trabajo del día
Una almohada está ahí para quitarme el dolor cada día

¡Guau! Puedo gritar con mucha alegría

Ahora que sé que de Dios somos familia

De esta raza humana estoy muy sorprendida

Hay tanta belleza en la que podemos contemplar

Ahora sé que no importa que vaya a cualquier lugar

Porque el amor de mi pueblo terrenal se expresará

La vida puede ser un gran misterio

Pero el misterio está en nuestra propia mente

Si nos liberamos, encontraremos simplemente

Que la presencia de Dios está en nosotros

Todo lo que tenemos que hacer es realizar

¡Que Dios es amor, es alegría!

¡Él, somos nosotros!

Made in the USA
Middletown, DE
08 January 2023

20985013R00060